天下文化

BELIEVE IN READING

愛的腳蹤

華淑芳修女奉獻台灣60年

林保寶 著

Sister
MARY
PAUL WATTS

天主教聖馬爾定醫院創辦人兼董事長華淑芳修女(Sister Mary Paul Watts，右)、天主教聖馬爾定醫院院長陳美惠(左)

目錄

第二卷

第三卷

續曲

附錄

序

醫療傳愛一甲子

陳美惠修女（中華聖母傳教修女會 總會長）

這本來僅是位修女，抑或是修女會的故事，但更希望是我們共同的故事。

二〇一七年，中華聖母傳教修女會華淑芳修女（Sister Mary Paul Watts）獲准成為「不須放棄原有國籍而可入籍台灣」的嘉義市民，這可說是她畢生的喜悅與榮耀。華修女常說：「我是正港的台灣人，」她把年華完全奉獻給台灣這塊土地。

華修女出生於美國伊利諾州，由於她非常仰慕中國文化，因而來台加入中華聖母傳教修女會，駐足台灣也已經超過六十歲月。到底華修女是如何獲得第二十二屆醫療奉獻個人獎的呢？讓我們來看看她的故事。

傳愛的芳蹤

當大家瞥見聖馬爾定醫院頂端的十字架，一問之下便可知曉，這是修女會發展的醫療事業。我們是怎麼做到的呢？中華聖母傳教修女會於一九五二年來台，修會的宗旨係效法耶穌謙卑精神，並按照時代、地方及教會的需要，從事教育、醫療、堂區、慈善安養等傳揚福音的使徒工作。早在修會建院於梅山，天主聖神就導引華修女來嘉義落腳，因而有了今日聖馬爾定醫院。

當時，台灣醫療正值萌芽階段，嘉義山區路途蜿蜒不便，病患常因此延誤醫治而白白送命；也有的病患因醫療設備不足，常需南北往返。擁有醫療專業技能的美籍華淑芳修女，堅持「哪裡有需要，就往哪裡去」的行醫理念，在梅山鄉設立「海星診所」，率領醫療團隊深入險峻山區，以擔架將重症病患抬下山治療。

過去因為交通不便，偏遠地區居民可以說沒有生病的權利。華修女到山區行醫後，終於讓抵抗力較弱的幼童及老人得以接受治療。她曾親眼目睹幼童因來不及就醫而喪生的悲劇，因此從不拒絕任何就診病患，即使病患沒有錢付醫藥費，她也會義務服務，並提供一些日常必需品，供病患應急。

華修女的醫療團隊，除了提供醫療服務之外，也積極倡導正確的公共衛生教育，以徹底改善當時普遍不佳的衛生環境，進而達到「預防勝於治療」的效果。對山區居民來說，華修女不但能夠醫治疾病，也提升了大家的生活品質。隨著中華聖母傳教修女會會院搬遷到嘉義市，海星診所也從梅山鄉遷往嘉義市，並改名為「啟明診療所」，以擴大醫療服務範圍。

醫療深耕嘉義

到了一九六〇年，啟明診療所提供的現代化醫療設施，廣受民眾認同，病患經常在診所外大排長龍，等候就診。華修女為了提升醫療設備與品質，以照顧更多病患，便前往美國募得許多善款，並在嘉義市民權路興建聖馬爾定醫院。而此院名之由來，係為紀念美籍恩人「馬爾定」先生，因為他的鼎力捐助，聖馬爾定醫院方能於一九六六年正式落成啟用。

回想當時，雲嘉地區物資普遍缺乏，在華修女的協助之下，引進美援物資與醫藥用品，嘉惠無數病患，這也是醫院在當時被稱為「美國仔病院」的由來。聖馬爾定醫院建院之初，僅有一百二十八張病床，是不到兩百位員工的地區醫院，但憑藉著群體智慧與愛心，齊心幫助病患脫離病苦，因而贏得民眾的肯定。就是那份肯定與信賴，也為日益茁壯的醫院，奠定強而有力的根基。

一九八六年，我自美國修得醫院管理碩士返國，加入經營團隊擔任院長。當時民權舊院區設備和醫療，已經不足以因應病患的需求，如要提升醫療水準，最現實的考驗就是資金。華修女於是多次回到美國，在冰寒雪地裡，帶著沉重的幻燈片解說、募款。儘管如此，募得款項仍然不足，只能勇敢地向銀行貸款。

所謂「關關難過，關關過」，就這樣，我憑藉著祈禱，從一塊塊磚來堆疊、一塊塊錢來累積，漸漸把醫院環境設備整建翻修，汰舊換新。此時，又幸蒙嘉義市聖本篤會無償提供該會院土地，遂於大雅路現址動工興建地上十層、地下二層的區域級教學醫院。並於一九九六年新院區正式落成啟用，聖馬爾定醫院於是邁向新的里程碑。

等到遷至新院後，醫院在軟、硬體方面均煥然一新。目前聖馬爾定醫院的規模為擁有近四十個醫療專科，急、慢性及長期照護，服務將近一千床的區域級教學醫院。大雅、民權、芳安等三個院區，各有專責的醫療服務。大雅院區——主要提供急、重症醫療及一般診療；民權院區——主要做為精神科門診及日間照顧；芳安院區——為本院附設護理之家，另設有失智症老人日間照護中心及到宅沐浴車的服務，也設有沐浴福祉教室來訓練服務人員。

為提升醫療水準與確保病人安全，二〇〇九年進一步成立醫療品質管理中心，並持續推動各項品質認證。本院對於醫療服務品質不斷精益求精，連續通過醫院評鑑最高等級。

社福醫療挺進

本院在嘉義地區重大事故中，及時發揮緊急救護功能，降低傷亡人數。如：九二一大地震時期，支援對外交通中斷的阿里山地區醫療，並成立「九二一災區醫療支援隊」，每日至南投縣地利村與羅娜村進行義診；其餘如協助支援救護二〇〇二年阿里山小火車翻覆、二〇〇五年屏東大同國小畢業旅行於南二高發生翻車事故、二〇〇五年阿里山公路遊覽車翻覆、二〇〇九年莫拉克颱風重創阿里山，本院提供醫療及物資援助。

醫療設備最為缺乏的，尤其是嘉義山區。醫院恰好坐落在阿里山的入口，我們也將愛與醫療送上山，設置全年無休的「阿里山醫療站」，開啟了醫院社福醫療的新頁。醫療站已經設置二十個年頭，儘管過程耗費許多人力和物力，卻也無怨無悔，且至今仍持續進行中。

等醫院站穩腳步，基於修會之宗旨與使命，我們更有動能造福需要的人。一九九九年，我們開始投入社會福利服務；二〇〇二年，增設了「失智症日間照護中心」。直到民國二〇〇五年，再由修會籌款設立天主教中華聖母社會福利慈善事業基金會，並由本人擔任基金會董事長一職。

基金會以社會福利事務之推動為目的，期望建立「尊重、關懷、正義」的社會。除了興建第一所失智症團體家屋「聖母家屋」外，另有增加服務項目與範圍的失智症複合式照顧機構——「聖仁家園」，也正在募資興建中。服務的項目包括長青活力站、銀髮族日間關懷站、原住民部落老人健康站、失能老人日間照顧、暖暖老人食堂服務，以及到宅沐浴車服務。其中與統一超商（7-ELEVEN）合作首間嘉義市「幾點了咖啡館」，更提供高齡失智長輩實習與民眾社交互動的機會。

許多愛與關懷的故事，仍持續在上演，如：協助弱勢幼童穿上愛的鞋鞋、暖暖食堂讓老人溫飽等。我們的醫療團隊，就是從點滴的服務上，讓他們認識耶穌是主。

醫療服務就是愛的服務，如耶穌說：「我實在告訴你們：凡你們對我這些最小兄弟中的一個所做的，就是對我做的。」（瑪竇福音第二十五章四十節）。

凝聚社會力量，繼續前行

回顧「中華聖母傳教修女會」從事醫療工作，已經超過半個世紀，我們的努力，也獲得大家的肯定。

已故方懷正董事長榮獲第七屆個人醫療奉獻獎；本院阿里山醫療團隊榮獲第二十一屆團體醫療奉獻獎；華淑芳修女獲得第二十二屆個人醫療奉獻獎；而我本人也榮獲第二十五屆個人醫療奉獻獎。獲獎是肯定過去的努力，其實是對我們有更大的期許。

目前，我承擔的責任就是帶領團隊提升與精進：與國際接軌、邁向智能醫院；持續推動各項認證，以確保醫療服務品質與安全。最重要的是，醫療團隊要心懷「視病猶親」的熱情，秉持創院精神效法基督愛人的精神。

諾貝爾和平獎得主德蕾莎修女（Mother Teresa）說：「在最需要的地方，看到自己的責任，」她也竭盡全力灑下仁愛的種苗，世界各地繼而發芽生根。

聖馬爾定醫院與阿里山居民心手相連，早已是生命共同體，如今，我們深感簡易的醫療站已無法負荷病患的各項需求，所以在阿里山蓋一座「醫院」，方能守護病患，及時挽救他們的生命。

單憑修女和醫療團隊，仍志堅力薄，但只要凝聚社會力量，共同努力，必定如堅石可破。邀請大家一起築夢，以榮耀天主聖名。

前言

不該被遺忘的故事

真美麗

「真美麗」三個字，奇妙地勾勒出華淑芳修女與嘉義聖馬爾定醫院的故事。

據說，一九五九年，華淑芳一個人從美國西雅圖出發，搭著海明輪到基隆時，在船上學到的第一句中文就是「真美麗」。當時她才二十七歲，剛從醫學院畢業兩年，也還不是修女，許多人猜想：「這破破爛爛的地方，她一定待不住。」

華淑芳原名「葛洛莉雅」（Gloria Joan Watts），一九三二年生於美國伊利諾州，從小嚮往到中國從事醫療服務。她來到台灣，幫助中華聖母傳教修女會（簡稱中華聖母會）的修女從事醫療工作；取名華淑芳，後來決定加入修女會，一九六二年發願成為「瑪麗．保祿」修女（Sister Mary Paul Watts）。

一句中文也不會的華淑芳，卻牢牢記住了「真美麗」這三個字。她留在台灣超過一甲子，認為自己是「正港的台灣人」，二〇一七年，在她一手籌辦的聖馬爾定醫院獲頒歸化國籍許可證及國民身分證。

現年八十八歲的華淑芳坐在輪椅上，仍然清楚記得初抵嘉義縣梅山鄉時，腳踩高跟鞋走在凹凸不平的地上，鞋跟斷掉的情景。回憶往事，華淑芳露出靦腆笑容，用台語說：「真歹勢。」

她怕蟑螂也怕蛇，偏偏修女會的會院在梅山山上，有次要洗澡時，一條蛇從天花板掉下來，把她嚇一大跳。

「剛到梅山時很窮，修女沒錢買肉，營養不夠，有什麼方法可以幫助她們？」初來乍到的華淑芳嘗試養小豬，她把一群剛出生不久的小豬放在紙箱裡，點上燈泡為牠們保暖。有天早上醒來，卻發現小豬都死了，讓她傷心不已。

然而這些都沒讓華淑芳打退堂鼓。她看到修女們、看到當地人的需要，決定加入中華聖母會成為修女，用她的醫療專業來幫助大家。「我覺得很有意思來這邊，可以幫助很多人，」華淑芳用不太標準的國語說，「老百姓都很 friendly（友善），好朋友跟我（把我當成是好朋友）。我們的醫院在嘉義，真的有幫忙不小（幫忙很多）。」

其中幾件事，她至今仍然念念難忘。

五十多年前，一位住在嘉義縣竹崎鄉偏遠山區的小女孩陳素雲，因為撿收竹枝而受傷，感染了嚴重的破傷風。華淑芳和修女們抬著擔架和醫藥箱，趕到小女孩家裡，把她抬下山，用救護車小心地送到高雄醫院，最後小女孩活了下來。五十年後，已成阿婆的陳素雲看到媒體報導華淑芳的故事，想起往事，在兒孫陪伴下，特地從高雄到聖馬爾定醫院來探望華淑芳，還包了一包紅包給她。

一九六二年，成大畢業的高材生蘇匡弼，在南部當兵時，因部隊演習發生嚴重車禍，脊椎受傷，下半身癱瘓，後來又因尿道一再感染，導致腎功能衰竭。華淑芳不放棄他，在民權路的聖馬爾定醫院每天協助他復健，鼓勵他。後來蘇匡弼病情好轉，一九七六年，發明了首台適合國人使用的電動輪椅。「這是個奇蹟，」華淑芳說。

有次，一位婦人帶著罹患肺炎的孩子到中華聖母會開設的嘉義啟明診療所求診（當時聖馬爾定醫院仍未興建），診所沒有病床，華淑芳把桌子倒過來充當病床，一旁燒著加藥的開水當作噴霧器，並用塑膠布蓋在四支桌腳上，避免霧

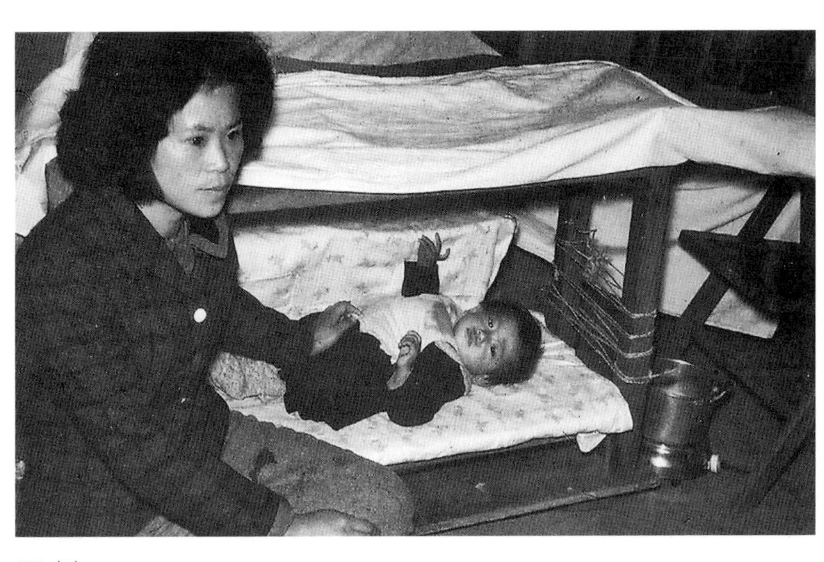

氣外洩。修女們日夜輪流照顧這個小孩，直到他三天後痊癒出院。「沒有東西就要發明東西，」華淑芳說。

遇到了許許多多的困難，讓華淑芳萌生一個想法：「如果有自己的醫院，病人就能得到需要的照顧和醫療，」於是她開始募款籌建聖馬爾定醫院。「不是為了想蓋醫院而蓋，是因為需要，我們看到了需要，」華淑芳說，「看到需要，就去做。」

倒轉過來的桌子成了克難的病床，可見當時診所醫療設備的不足。

求錢

有次我問華淑芳修女，一路走來，遇到最困難的事情是什麼？「求錢，」她回答。六十年來，她為了聖馬爾定醫院與崇仁醫護管理專科學校，一直在募款。

有人問華淑芳，為何要那麼辛苦地蓋醫院？「是愛台灣人的心，」她回答。美國那麼舒服，為何不留在美國？「因為台灣需要，」華淑芳說。

她不能忘記，有次轉送一位罹患白喉的孩子到公立醫院就醫，因為孩子的媽媽沒有錢而無法辦理住院，當她趕回診所拿錢時，這孩子已經過世了。

在嘉義梅山的海星診所時，有天中午，門外傳來淒厲的哭聲，一位母親將她奄奄一息的嬰兒交給華淑芳，拜託她救救小孩的命。她從嘉義縣海區坐了三、四個小時的車，趕到海星診所，但罹患腸胃炎、高燒不退的嬰兒，還是因病情惡化而失去生命。華淑芳到現在還記得那位母親嚎啕大哭的景象，以及毯子裡的嬰兒那溼溼熱熱的餘溫。

這幾件事讓華淑芳感觸深刻，「我一定要蓋一間有急救、住院設備，而且讓窮人也可以獲得治療的醫院，」華淑芳下定決心。她當時想的是，只有十張病床的小醫院。

不論是在梅山，或是民權院區舊院，每星期華淑芳總會安排幾天到嘉義縣或附近的雲林、台南鄉間巡迴診療，「去看一看我們的病人，看一看他們的家，」她多麼希望貧苦無依的人都能得到救助。

從嘉義市民族路往大雅路上，遠遠就可以看見，山坡上一個大十字架立在一棟建築上，那是陪伴嘉義人五十幾年的聖馬爾定醫院。「他們的婦產科不錯，修女的照顧比較細心、溫暖，」一位計程車司機說。五十幾年來，聖馬爾定醫院總是把病患的需求放在第一位。

一九六五年十一月一日，聖馬爾定醫院在民權路登記開業時，只有兩百名

為了照顧更多需要幫助或無法出門的病患，修女們總會安排時間到鄰近鄉間巡迴診療。

員工，一百二十八張病床。現在的聖馬爾定醫院，除了院長外，有五位副院長，一千六百名員工，將近一千張病床。聖馬爾定醫院是嘉義第一間電腦化的醫院，從一開始的地區醫院、地區教學醫院，到二〇〇一年通過評鑑，成為區域教學醫院。

從梅山到嘉義市，從小診所到大醫院，創辦人華淑芳與聖馬爾定醫院院長陳美惠修女，感謝天主的照顧，也感謝團隊一起努力。「沒錢沒人，一路走來篳路藍縷，我們始終用喜樂奉獻與堅韌無比的精神，不怕以有限的資源做無限的事，」陳美惠說，「只要開始做，天主就會幫忙成全。」

聖馬爾定醫院把愛送上大阿里山，也把關懷散布到沿海地區，並於一九九四年開始長期照護的服務。多年來，華淑芳與陳美惠一直希望擴大阿里山醫療站的規模，蓋一間「阿里山醫院」，讓當地區民或遊客在突發腦中風、心肌梗塞等重症或遭逢旅遊意外時，能就近得到醫治而不至於喪命。

「我們是看生病的人，不是看人生的病，」陳美惠說，服務、信賴與關懷，是聖馬爾定醫院的精神。醫療工作是甜蜜的負擔，救人時很開心，過程很辛苦。「人無法做到完全，要依靠天主，」多年來，陳美惠的信念是：「哪裡有需要，就往哪裡去。」

換

華淑芳用「換」這個字來說明，她從基督教轉而皈依天主教，其實也是她從平信徒[1]的醫療傳教士變成中華聖母會修女的故事。

「這裡有太多事情可做，但我需要天主幫助，讓我有勇氣留下來，」這是華淑芳剛抵達嘉義梅山時的祈求，她熱切地向天主祈求讓她有力量擔負平信徒傳教士的醫療工作。與逃難多年的中華聖母會修女在簡陋的梅山會院生活後，許多問題在她內心盤旋，此時華淑芳看見天主對她更深的召喚，便認真考慮加入中華聖母會，成為修女。

「如果成為她們的一份子，我的生命是否將會滿盈？」華淑芳自問，「如果我以平信徒醫療傳教士身分繼續留在梅山，能否為我的內心帶來平安並成為基督的見證？」最後一個問題的答案，對華淑芳來說是否定的，「我的生命目的，

1 平信徒：指基督教中沒有聖職的所有教徒，又稱教友、會友、信友。

是成為中華聖母會的修女。」

就在遇見保祿院長的十年後，來到台灣的華淑芳加入了中華聖母會，在嘉義總會院開始初學[2]，一九六二年十二月八日，發初願[3]正式成為瑪麗・保祿修女。會名[4]之一「保祿」，就是為了紀念高中時的拉丁文老師保祿院長。

中華聖母會現任總會長陳美惠修女，就讀嘉義女中時遇見了華淑芳。「她是我的英文老師，年輕又漂亮，我們完全被她吸引，」陳美惠心裡暗暗決定，「我也要像她這樣。」後來她跟妹妹陳美足（聖馬爾定醫院副院長），先後加入了中華聖母會。

「中華聖母會的靈修就是聖母靈修，」陳美惠說，「聖母最大的芳表就是『承行主旨』（願照你的話成就於我罷），」天主的想法不是人的想法。天使向聖母報喜時，聖母向天使說：「這事怎能成就？」[5]天使向她解釋後，聖母回答：「願照你的話成就於我罷！」[6]

據說，華淑芳每天點一根蠟燭，放在中華聖母會小聖堂的聖母像前。

中華聖母會於今年（二〇二〇年）慶祝創會八十週年。「一、福傳；二、教育；三、醫療，是我們修會的三個神恩，我們銘記在心，」陳美惠說，「八十年來，我們順著會祖[7]田耕莘樞機主教的創會精神走，」中華聖母會的修女們除了在堂區服務外，還創辦聖馬爾定醫院、崇仁醫護管理專科學校，並成立中華聖母基金會，幫助貧困弱小。

以下，就是華淑芳與中華聖母會及嘉義聖馬爾定醫院最開始的故事，這些美麗的故事不該被遺忘。

---

2 初學：欲加入男女修會的信友，必須經過一年或多年的適應、學習階段，期滿後再決定是否加入該修會；這些人稱為初學生，或稱為初學修士或修女。

3 初願：通常以一年到三年為期的過渡性三聖願——貞潔、貧窮、服從。

4 會名：修士、修女入會時所取之名。

5 路加福音第一章三十四節。

6 路加福音第一章三十八節。

7 會祖：修會的創建者。

第一卷

一、一九五九年，初抵台灣

「我高興得幾乎哭了，」華淑芳（Gloria Joan Watts）於一九五九年十一月二十六日，抵達台灣基隆。

她終於實現了十五年來的夢想——到中國去，在中國人之中像他們一樣生活，並成為中國人。原本華淑芳計畫去中國，這夢想被二次世界大戰後中國共產黨的崛起打亂，來到了噴射飛機少十五分鐘里程的台灣。

華淑芳急切地步下「海明輪」，雙腳踩在台灣的土地上，期望很快融入台灣人民的生活與文化。她的手握著左舷欄杆，想要對所有人呼喊：「我是全世界最幸運的女孩！」這時，她二十七歲，充滿冒險的精神。

突然間，她閃過一絲害怕。華淑芳從未離開過美國，台灣對她是完全陌生的國家，習俗、食物、文化跟她成長的故鄉美國伊利諾州完全不同。此時，圍繞她身邊的一群陌生人，正興奮地講著她完全聽不懂的語言，他們從美國回到家鄉。不懂中文的華淑芳，只學會了使用筷子。

她站在晨霧、低雲密布的基隆港，望著海岸線後令人敬畏的群山，想像山的背後有什麼，以及還要多久才能抵達目的地，一處名為嘉義的地方——「中華聖母會」所在地。她也好奇修女們會是什麼樣子。

華淑芳在美國和修女相處時，從未感到完全自在，因為她們看來令人生畏。修女們會很凶嗎？會像自雲層降下的滂沱大雨，將甲板上尚未檢查的行李及一切，淋得溼透？

「現在，我真的不懂為何自己會選擇華人國籍修會，以平信徒身分從事醫療工作，」華淑芳不禁這麼想。

她也想著，當地的人們會接受她嗎？吃的食物如何？船上飲食很美味，但那是給旅客吃的，在地人的日常飲食可能截然不同。華淑芳覺得，那只是他們用中國人慣有的禮貌方式告訴她，嘉義生活清苦簡陋，完全不同於美國人家享有舒適空調及美食——例如烤牛排。

「坦白說，我完全沒準備好，如此清苦簡陋的生活就從我暫住的第一個夜晚開始，」華淑芳在抵達台灣二十四小時內就發現，當地的生活不像在美國般舒適。貧窮充斥，不只存在嘉義地區，也存在中華聖母會每個角落。

躺在硬草墊上，華淑芳感到背快斷了，還有一個同樣硬的稻殼枕，讓她的頸部僵硬。蚊帳外蚊蟲嗡嗡作響，想飛進來咬一口這看來「新鮮味美」的美國人。此外，狹小的斗室內還掛著一隻黑色蜘蛛，張著眼睛歡迎她。不久，華淑芳也發現，蛇可以由牆壁縫隙滑入。

二、影響來台的人事物

至此，華淑芳還無法想像，對付窮困與疾病將是她工作的領域。「我對病痛並不陌生，特別是當我看見咳嗽的小孩時，就想起我的童年，」華淑芳說。她青少年時期經常生病，被鼻竇炎、耳朵感染、感冒等各種疾病困擾。她長得枯瘦又聳肩弓身，在伊利諾州迪凱特（Decatur）公立學校量體重時，總是將小石頭放在口袋，以增加自己的分量。

華淑芳六歲時，一隻英國梗犬齊珀（Zipper）陪她度過無聊的課堂時光，因為她總是想著，回家後要跟牠玩什麼遊戲。齊珀是父親送給她的聖誕節禮物。有一天，華淑芳與哥哥比爾看完電影，回家路上，一個雪白的毛球從她父親的雙臂躍下，奮力衝向她。「齊珀是我最親密的朋友之一，我們總是能用我們的方式溝通，」時至今日，年近九十歲的華淑芳仍記得她最可愛的齊珀。

十一歲時，華淑芳的父親看出她沒有學鋼琴、畫畫及舞蹈的天分，決定讓她參加小獵物遊戲之旅——雖然她不記得曾經捕獲任何小獵物。

在小獵物遊戲之旅幾個月後，教會舉辦的兩個活動，在華淑芳的未來扮演

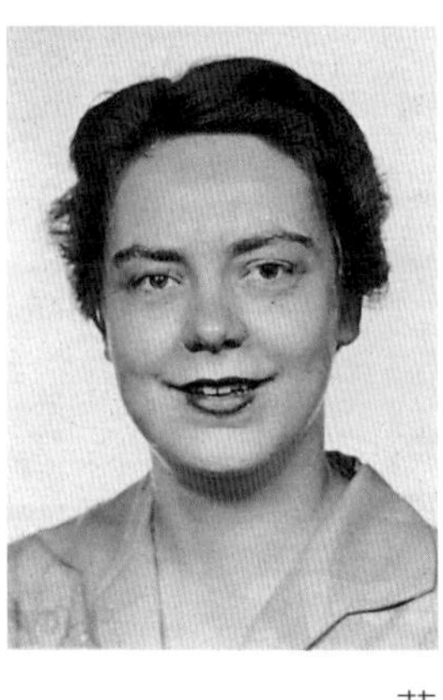
華淑芳年輕時，就立志要去中國服務。

了關鍵角色。一次是瓦特爾博士（Dr. Hyla S. Watter）的演講——瓦特爾博士是衛理公會醫療宣教士，在中國服務時被拘留、遣返，二次世界大戰期間在日本服務。一九四三年年底，瓦特爾博士到華淑芳的家庭教會演講，講述中國的情形，「你們當中的年輕人，不知能否在戰後去中國？」華淑芳清楚記得她的呼籲。「我幾乎舉起手，我已經準備好立即去中國幫忙，」華淑芳說。在演講後的茶會上，她告訴博士她將以此做為終生志業。

第二個影響華淑芳的事件，發生在瓦特爾博士演講的幾個月後。鎮上放映改編自賽珍珠小說的電影《龍種》，電影描述抗日戰爭時期，中國一個村莊被日軍入侵後的巨大變化，更激起華淑芳想去中國幫助中國人的決心，她不只想幫助，而是成為中國人中的中國人。看完電影，她一路哭著回家，「我只是為我中國朋友們的遭遇傷心難過。」

此後，她的閱讀興趣與心思都朝向中國，她的夢想是有朝一日要踏上中國土地，成為中國人的一份子，在那裡生活與工作。

後來，又有一些影響華淑芳的人事物發生。其中一人是杜力博士（Dr. Tom Dooley）——華淑芳在芝加哥的十字路學生中心遇到他；中華聖母會的張立諾修女——當時華淑芳正於美國馬偕大學（Marquette University）就讀；以及雷鳴遠（Frédéric Vincent Lebbe）神父的傳記——雷神父是比利時人，卻成為中國人中的中國人。

三、有一天，你將成為一位修女

華淑芳聽了瓦特爾博士的演講後，決定以醫療為職業，但她對學校課業仍不感興趣。華淑芳的母親過世後幾個月，某天晚上，她的父親說：「葛洛莉雅，我對你的照顧有所不足，你需要一位像『繼母』一樣的人，甚至到學校住宿，那兒有成熟、能了解你的女老師，幫助你適應青春期會遇到的所有改變。」

華淑芳的父親，是活躍的基督教衛理公會信徒，卻決定將她送到印第安那州的天主教會學校——天主之母聖瑪利亞私立高中（St. Maria Academy at Notre Dame）——就讀高中二年級（第十級），開始寄宿學校的生活。

離開家的華淑芳並不快樂，秋天時，她的思緒飛到與父親一起的打獵旅行；她也總是在想家中的狗狗齊珀在做什麼。雖然如此，她的學業成績仍然慢慢由C級升到B級。

一年後，華淑芳回到家鄉就讀聖特雷莎學院（St. Teresa's Academy）第十一級和第十二級。在這裡，修女們的諄諄教誨激起她的學習熱忱。尤其是拉丁文老師保祿院長，在形塑華淑芳的生命進程中，扮演了最重要的角色。

保祿院長十分有耐性，充滿同理心，眼界和思慮遠大。她多次聽過華淑芳前往中國的夢想，在一次慣常的課後會面中，她說：「葛洛莉雅，我覺得有一天你將成為一位修女。」

華淑芳大吃一驚，她並非天主教徒，怎麼可能成為修女呢！「您完全搞錯了，修女，」華淑芳對保祿院長說，「我想成為醫療傳教士，不是修女。我永遠不可能成為一位修女，因為我絕不會成為天主教徒。您知道，我十分滿意自己的基督教衛理公會。」

華淑芳進入聖特雷莎學院後，很明確地向修女表達自己的原則——絕不做任何跟天主教有關的任何事，也無法容忍被傳教。她只想完成學業。保祿院長是學校中，讓華淑芳比較不心存敬畏的修女，這並不是說修女們刻薄或專橫，她自己也說不出為何會有這種心情。除此之外，修女們的服裝如此簡樸，讓華淑芳認為她們絕對沒有經歷過一般孩童或青少年的階段。後來她知道並非如此，修女也會像個孩子一般。

十年後，華淑芳決定加入嘉義的中華聖母會成為修女，當時她取了保祿（Paul）做為名字之一，就是為了紀念保祿院長。

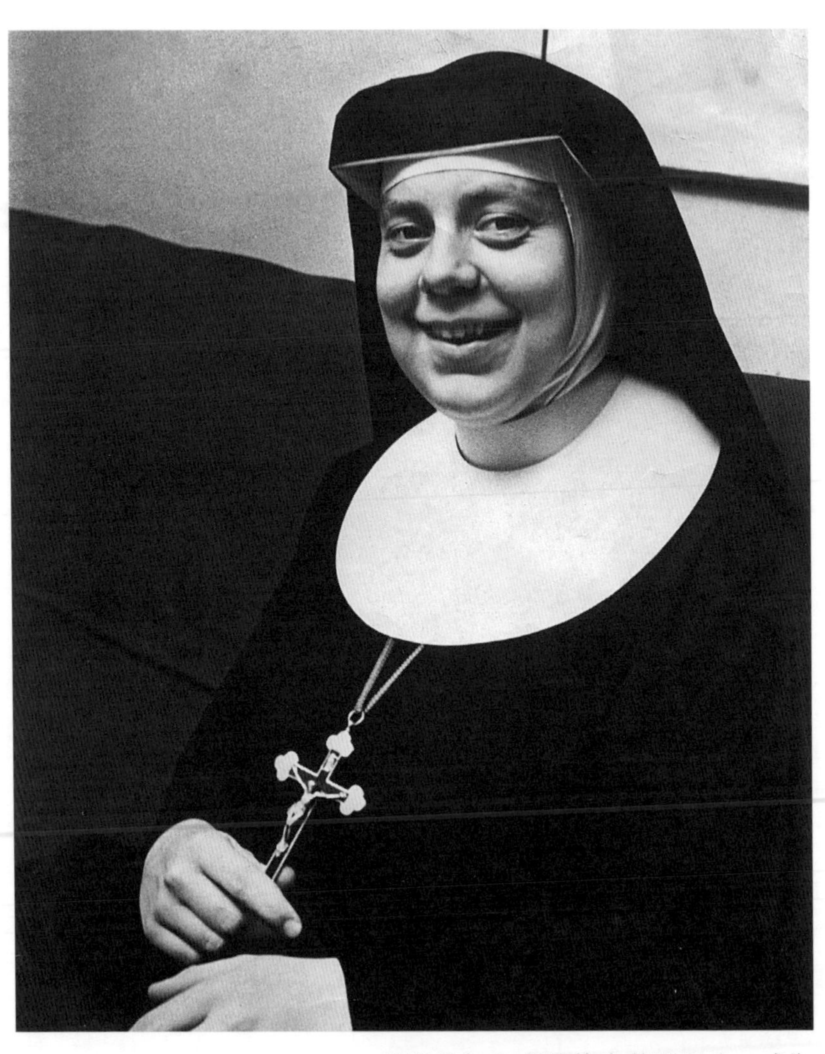

華淑芳加入嘉義的中華聖母會，成為一名修女。

四、信仰的轉捩點

華淑芳就讀聖特雷莎學院最後一年時，對「比較宗教學」產生莫大興趣——即便學校裡並沒有人試圖影響她。

一個春天的早晨，另一位非天主教徒的女同學，邀她到她們衛理公會的教堂彈琴。當同學彈琴時，華淑芳在教堂祈禱。「我被突如其來的空虛感嚇到，」華淑芳說。在學校聖堂，她總能感受到祂的臨在；但當下在自己的教堂時，卻非如此。華淑芳無法理解。

她因此更想了解宗教，特別是教會內的各種不同派別。「一個教會能比另一個教會提供更多嗎？若非如此，我為何在這教堂感到空虛，而不是在學校的聖堂？」華淑芳如此思索。這個春天的早晨，可說是她信仰的轉捩點。她把這些疑惑藏在心中，直到決定成為天主教徒。

然而，她的父親並不贊成。華淑芳於是轉向身為天主教徒的繼母喬（Jo）[8]

8　華淑芳的母親過世後，她的父親於她十四歲時再娶。

求取支持，但是繼母也站在父親那一邊。他們認為這可能只是一個十幾歲小女生突如其來的想法。「相反地，我很清楚知道這是從內而來的轉換，」華淑芳説。在她的堅持下，父親決定陪她去迪凱特的天主教聖派翠克聖堂（St Patrick's Church），拜訪本堂神父鮑爾（George Powell）蒙席[9]。

神父問了幾個問題後，安靜片刻，接著對華淑芳説：「我希望你了解，改信天主教並不像買一支冰淇淋或一件新衣服。你必須等待一年。一年後，如果你仍有這樣的想法，再回來找我，我們再談。」

華淑芳失望透頂。「要進入天主教會比逃出監獄還困難，」這句話幾乎脱口而出，但華淑芳吞回去了。

五、畢業於聖若望護專

華淑芳想成為醫師、想到中國從事醫療傳教，就非得讀大學不可。她的父親強烈建議她就讀伊利諾伊州加勒斯堡（Galesburg）的諾克斯學院（Knox College），加上她的哥哥也是該校校友，因此，華淑芳決定進入諾克斯學院，主修醫學預科。

華淑芳加入學校樂團，擔任鼓手，每夜在學生交誼廳大玩橋牌，也醉心於閱讀比較宗教學書籍。由於荒廢學業，課業成績只拿到C級。在結束新鮮人生活後，她向家人宣布輟學。「我的醫療生涯瀕臨崩潰，」華淑芳說，沒有任何醫學院會樂意收一位成績C級的學生入學。

至此，華淑芳更確定要皈依天主教。鮑爾蒙席信守承諾見她，聽了華淑芳描述學院的情況後，要她再等一陣子。華淑芳氣極了。「我不要再等。如果你不接受我，我就去找另一位神父，」她告訴鮑爾蒙席。蒙席看華淑芳意志堅定、

9　蒙席：教宗頒賜有功神父的榮銜，通常可穿與主教近似的主教服裝。

不肯拖延，於是安排了一位神父開始為她講授天主教要理。

那是一九五一年的夏天，華淑芳並不全然快樂。雖然她達成皈依天主教的心願，但在醫療目標上卻失敗了。不過，華淑芳並未忘記到東方行醫的志向，她知道自己必須習得所有實用的醫療知識與技能。最後，她決定就讀位於該州斯普林菲爾德（Springfield）、由方濟各修女會辦學的聖若望護專（St. John's College of Nursing），除了離家近，這所學院可於課餘選修醫院行政等相關課程。

不同於今日護理學校將訓練重心擺在書本教育，較少臨床實務，聖若望護專的課程更著重在直接面對、處理病人的臨床教學與實習。學生當然必須研讀許多疾病知識，但也學習皮下注射、抽血，以及使用聽診器、量血壓等技巧。學生也與醫師一同巡房，記下病患的疾病與如何醫治，並和醫師討論。聖若望學院提供許多學習醫療知識的機會，讓華淑芳寧可待在醫院閱讀相關書籍，也不去約會。

時光飛逝，她於一九五四年畢業。

六、於馬偕大學完成公共衛生學位

畢業後，華淑芳前往芝加哥，在十字路學生中心遇到杜力博士，一位奉獻生命給越南和泰國人民的美國醫師。杜力博士在返回美國時拜訪十字路學生中心，他不斷呼籲醫師及護士到遠東服務，以對抗中國共產黨。杜力博士的熱忱，深深影響了華淑芳。

她也聽了許多雷鳴遠神父的故事。這位比利時神父前往中國傳教，成為「中國人中的中國人」。他曾說：「不要看我的眼睛和鼻子，要看我的心，它是不折不扣的中國人！」許多西方人嘲笑他，但他不為所動，最後成為天主教會

雷鳴遠神父，是引領中國天主教會走入正軌的先驅。

在中國最佳「愛的大使」之一。一九二七年，雷神父申請中國國籍獲准，在河北省安國教區積極傳教，並創立耀漢小兄弟會（Congregation of Saint John the Baptist）和德來小妹妹會（The Little Sister of St. Theresa of the Child Jesus）。

華淑芳認為自己需要接受更多公共衛生的訓練，一九五六年秋天，她就讀威斯康辛州米爾瓦基（Milwaukee, Wisconsin）的馬偕大學（Marquette University）。「出乎意料地，它給了我比公共衛生學士學位更豐富的東西，」在那兒，華淑芳遇見中華聖母會的張立諾修女，當時張立諾正研讀X射線學。

張立諾原本在中國的中華聖母會，歷經兩年逃難，是從中國共產黨手中倖存的十四位修女之一。她那可怕的經驗及修會掙扎生存、從中國逃難到台灣的故事，總是吸引華淑芳全神貫注地聆聽。有次，她問張立諾：「你認為我對中華聖母會有幫助嗎？」張立諾遲疑了，抿著嘴唇，神情變得嚴肅，她告訴華淑芳，她們的母院在山上，用竹子跟泥土蓋成……

「我想去那兒，」華淑芳堅持，她只是擔心中華聖母會是否能接受她以平信徒傳教士的身分前往。不久後，中華聖母會總會長李美納修女回覆了，她接受華淑芳的請求，並建議以兩年為期。但有兩個前提，華淑芳必須完成大學學位，並且先工作以賺取前往台灣的旅費。

一九五九年，華淑芳完成學業，接著前往芝加哥，里斯醫院（Michael Reese Hospital）有份工作等著她。在醫院待了九個月，華淑芳迫不及待想前往台灣的中華聖母會。

華淑芳（右一）自美國馬偕大學醫學院畢業，並在里斯醫院工作九個月後，隨即飄洋過海來到台灣，展開全新的生活。

七、搭海明輪離開美國

船身漆黑，停泊在西雅圖碼頭的海明號貨輪，因載滿貨物而吃水甚深，吊繩卻仍不斷地從碼頭吊起更多貨箱，穿過空中在甲板卸下，然後送到貨艙。大貨車及小推車在華淑芳身邊快速移動，她一動也不動地注視著眼前景象，然而她的思緒快速飛越。這個看似浪漫、繁忙的碼頭身後，就是未知的海洋以及無邊無際的太平洋。

一九五九年十一月八日，下午四點，華淑芳踏上跳板，此刻她一點也沒料想到，五年後她才有機會重返美國，也沒想到，這一步將為她的生命展開巨大且豐富的面向。船即將開啟，最後一聲汽笛響起。十二位乘客都已上船，大部分是即將返回家園的台灣學生。

「海明號」將是華淑芳未來二十天在海上的家，帶她穿越太平洋進入中國海東部，然後在基隆港靠岸。上船後，華淑芳很快與其他乘客聊開來，他們好奇華淑芳要去台灣哪裡、做什麼。關於目的地，她只知道要去某個叫嘉義的地方，所有跟李美納修女的聯絡，都是透過在美國讀書的張立諾。

同船乘客告訴華淑芳，嘉義包括嘉義市與嘉義縣。他們關心華淑芳到基隆後如何找到修女，又告訴她許多嘉義的迷人故事。突然，一人大喊：「你將會看到漂亮的阿里山！」此話一出，同船旅客開始教華淑芳唱起〈阿里山的姑娘〉[10]這首歌。她當時根本不知道，日後會在阿里山的樂野成立診療站，照顧當地居民的健康。

當海明輪穿越太平洋時，華淑芳也在船上思考、祈禱。事實上，這是最近幾年來唯一一次，她有這麼多時間靜下來審視自己的生命計畫。她想到三種可能的道路：一、兩年後回美國，找一份公共衛生的工作。二、結婚。三、以平信徒的身分將一生奉獻給醫療傳教，不管在台灣或東方的其他地方。這時華淑芳已經二十七歲，她覺得該是時候慎重思考未來，安頓下來了。只是，在華淑芳的想法裡，從未浮現過成為修女的念頭。

八、在台灣的第一個晚上

由於天氣非常好，海明輪比預定時間提早了兩天抵達基隆。一切順利，但雲層低籠，飄起細雨。旅客在甲板上打開行李，等待安全檢查。華淑芳有八箱手提行李和其他小箱子，裡面塞滿了衣服、醫療書籍及設備。

華淑芳下船時，李美納總會長已經在碼頭邊等候——她每天向輪船公司打聽船班狀況，知道海明輪將提前抵達。在李美納身邊，還有嘉義教區牛會卿主教、台北的代表白若望神父（John Pai）及另一位聖神會的恩達修女（Sister Enda）。恩達來自美國、曾在大陸服務多年，暫時在中華聖母會工作。

在大家協助下，華淑芳的所有行李被運到火車站；他們將搭晚上九點的夜車。「我們要在斗六下車，約需五個小時的車程，然後在會院過一晚，」恩達說。突然間，華淑芳覺得非常疲累卻也充滿感動。多年的夢想、計畫、希望、挫折交織，現在終於成真。

10 亦即〈高山青〉。

抵達斗六已是凌晨兩點，修女們叫了三輪車，前往位於聖玫瑰天主堂旁的修女會院。華淑芳知道，自己真的踏在台灣的土地上了，這也是她第一次乘坐中國人的傳統交通工具——三輪車。

會院很小，是由泥土和竹子建成的土角厝。毛茸茸的黑色蜘蛛，虎視眈眈地看著華淑芳，這是她對台灣最早、最深刻的印象，六十年過去，她仍然記得這隻蜘蛛。牆縫有蜂窩，角落有紅螞蟻及白蟻。

「我的高跟鞋鞋跟正好踩進木地板縫隙，」華淑芳笑說，當她打開壁櫥拉門要掛衣服時，拉門倒下，砸到她的頭。華淑芳不知道接下來還會發生什麼事。她決定開燈睡覺，沒想到卻看到一條蛇掛在天花板上，真是嚇死她了。

此外，相較於西方人慣常使用的彈簧床及柔軟的棉枕頭，會院裡修女睡的是硬稻草墊及像石頭般的稻殼枕。蛇、蜘蛛、蚊子等「野生動物」時常掛在天花板上或在空中飛舞。簡陋的一切讓華淑芳想哭，但是她鼓勵自己，「與其流淚，我更應該努力接受現實。」

除了在船上學到的幾句中文，如「真美麗」之外，語言似乎也難以克服。台灣除了國語之外，當地方言是台語，住在會院旁的大部分人主要說的還是台語。華淑芳想起兩位溫雅的歐洲女性，露格修女（Sister Luke）及周修女（Sister Chow）。她們到中國加入雷鳴遠神父創立的德來小妹妹會，也曾忍受極度艱困的生活，甚至用磚塊當枕頭。「她們是修女，而我是平信徒傳教士。是不是因為她們是修女，所以比我堅強？」華淑芳不禁這麼想。

九、抵達嘉義梅山

晨鐘在六點響起。華淑芳趕緊起床，與李美納總會長及恩達修女會合，一起去參加彌撒。「祈求天主賜我堅強的力量，」華淑芳虔誠地祈禱。彌撒後，接著吃早餐。修女們為她在台灣的第一頓早餐費心準備，有雞蛋、蔬菜、雞肉、豬肉……，就像一場盛宴。

早餐後，李美納帶華淑芳去見牛會卿主教。「你遠道而來，跟我們的修女在一起，」牛主教說，「我為你及你的工作祈禱，你在這兒的時日將結出豐碩的果實，它們也會帶給你莫大的喜悅。」隨便，牛主教便開著他的吉普車，把華淑芳從斗六送到梅山。

「梅山，這麼浪漫的名字，我迫不及待想看看這地方，」華淑芳心裡如此期待著。

吉普車呼嘯駛向梅山，這是華淑芳千里迢迢自西雅圖搭船到台灣的最後一站，一路顛簸，塵土飛揚，車上的人東倒西歪、彼此碰撞，終於在下午四點鐘抵達中華聖母會位於梅山的母院。華淑芳感到噁心想吐、頭痛、滿身是汗、蓬頭垢面，並且十分疲倦，一切有些恍惚模糊。

六位修女在門口相迎，她們害羞地微笑，接著燃放鞭炮表達喜悅，「朋友，我們非常高興你的到來。」

其中一位修女往前跨出一步，點頭表示歡迎。「哈囉，華小姐，」她說。華淑芳略感吃驚，這位修女竟然會說英文。後來她想起，在美國的張立諾修女曾說過這件事。「我是展蘭芳修女，」聲音聽起來柔和、坦率而堅定。她就是梅山母院的院長，展蘭芳修女。

很快地，梅山居民聚集在會院前，安靜地打量眼前這位美國人。華淑芳也觀察著他們——有些人看起來困頓貧窮，或一臉病容。他們沒有揮手，只是單純地注視。華淑芳的鼻子引起他們的好奇。「他們稱西方人『長鼻子』，這總比被叫洋鬼子來得好，」華淑芳自我解嘲。

十、梅山簡陋的修女院

不久之後，華淑芳穿過木門，踏入修女會院。正前方是一座看來像軍營的長形低矮建築，由泥土和竹子搭建而成，牆壁底層是磚，上層是泥土和竹片砌成，木柱上頭覆蓋著灰色的屋瓦。左右兩側也是兩棟類似的建築。三棟屋子構成U字形。「台灣鄉下的房子都是由泥土和竹子混合建成的，」仍在美國讀書的張立諾修女曾告訴華淑芳，但是「梅山」這個名字——長滿梅樹的山，有種浪漫的感覺，讓她依然充滿嚮往。

華淑芳的房間原本是給貴賓住的，位於母院盡頭。房間很小，一坪多的空間裡，擺著一張木床，床上有硬墊和一顆稻殼枕；一頂不可或缺的蚊帳；一張小桌子、直背式椅子，以及一個移動式衣櫥。可惜衣櫥不夠高，無法懸掛衣服——這衣櫥對東方女性而言，尺寸剛好，但華淑芳身高有一六八公分呢。除此之外，房間和家具都乾乾淨淨，一塵不染。

浴室在戶外的院落，分成廁所與盥洗兩個空間。然而，洗澡間名不符實，因為沒有熱水（水龍頭只能出冷水），也沒有浴缸（只有水盆與水桶）。想洗熱水澡，得先用木材或稻殼燒水，再用水桶將水提到洗澡間，在水盆內加冷水後才能淋浴。

華淑芳的父親和繼母已經寄來兩封信，字裡行間盡是對她的擔心。雖然「生活在中國人中、成為中國人」是多年來他們家最常討論的話題，但他們內心總想著，隨著時間過去，也許她的夢會消失。那晚，華淑芳回信給父母，再三向他們保證：「我的決定是對的，在台灣很快樂。會院很舒適、現代，甚至有間豪華的浴室，」她沒有提到任何會讓他們失望的事。

十一、這裡有太多事情可以做

李美納總會長和展蘭芳修女來到華淑芳房間，看看一切是否安好。聊了一會兒，李美納對華淑芳說：「已經晚了，你應該睡覺了，」這時是晚上九點。疲倦不已的華淑芳想著，這裡會不會有隻又黑又大的蜘蛛？

「大家都去睡覺了，」李美納告訴華淑芳，「我們明天早上四點四十五分起床，」華淑芳的心瞬間沉入海底，這是要去送牛奶嗎？好早起床啊。「但你不必那麼早起，彌撒時間是六點，」說完，兩位修女微笑道別。

這個夜晚，沉沉入睡以前，華淑芳比以往更熱切地祈禱。她不是為了必須早起而感到困擾，這可以很快適應，而是相較於美國的生活，疾病與貧窮在斗六和梅山非常嚴重。後來華淑芳才知道，在她抵達的那年夏天，台灣發生八七水災，雲嘉南一帶損失慘重，重創台灣經濟。另一方面，二次大戰共黨崛起，兩百萬人從大陸移居台灣，當時台灣本地人口只有八百萬。

再看看中華聖母會本身，雖然修女們並不因為住所簡陋而難過，但她們的屋子已經失修，家具簡樸，會院幾乎可說空無一物。

華淑芳熱切地祈求，希望自己有足夠的力量，擔負起一切工作：「這裡有太多事情可做，但我需要天主的幫助，讓我有勇氣留下來。」

一九五五年，中華聖母會總會遷往梅山，接下來五年內只增加了七位修女。部分原因在於，中華聖母會是田耕莘主教創立的國籍教區修會，經濟上完全必須自給自足，沒有歐美國家的援助。嘉義教區牛主教的經濟也不是很寬裕，每個月只能給修會兩千元生活費，修女們還是得自食其力。修女們有的從事幼稚園工作，有的在堂區講授要理，有的擔起醫療工作；一有空大家就到菜園種菜，以供應餐桌上的食物。

經過一路上與修女相處，華淑芳覺得修女們擁有鋼鐵般的意志，將身心獻於服務人群，以及天主和祂的工作。在梅山的第一個夜晚，華淑芳祈求：「希望自己能有一點修女們的奉獻精神及力量，並且有毅力以平信徒醫療傳教士的身分在此服務兩年。」

十二、梅山最初的印象

在梅山的第一個星期，華淑芳對一切充滿新鮮感與好奇心。首先是聲音，這裡沒有消防車或救護車鎮日呼嘯而過發出的警報或叮噹聲響，也沒有時時刻刻傳出大卡車的隆隆車聲或遇到紅綠燈的緊急煞車聲。她發現，這裡沒有紅綠燈。一九五九年的梅山鄉，居民有兩萬五千人，汽車、摩托車非常少，大部分人騎腳踏車。「我們很少聽見飛機從頭上飛過，」華淑芳說。那些從前在美國都市習以為常的噪音，在梅山全都消失。

梅山有其他聲音，對華淑芳來說十分新奇。夜晚，一片寂靜，除了耳邊總有嗡嗡的蚊蟲聲外，有時一陣微風從竹林吹過來，發出像音樂般的沙沙聲響，那是微風輕輕地吹起口哨嗎？白天，這聲音被其他各種聲音取代，繼之而起的是村民走路時陣陣木屐踩地的聲音。男人的木屐聲低沉；女人的木屐音調上揚；小孩子的木屐聲更高。當全家人一起走過，發出的木屐聲就像木琴一般。

在梅山的第一個早晨，李美納總會長帶著華淑芳繞梅山一圈。華淑芳想把她在旅程中寫的航海日誌寄回美國，因此她們先到郵局，接著又去見中華聖母堂本堂孫繼善神父。一路上，她們非常安靜，因為兩人無法用英語交談，但沿路上還是有些有趣的事物。

「路旁有許多漂亮的野花，十分吸引我，」華淑芳說。一路上，村民好奇地停下腳步看這位美國人，後頭跟著愈來愈多好奇的孩童。霎時，華淑芳覺得自己像「梅山的魔笛手」。

「我們都在等待你到來，」孫神父要她們坐下，又開心地說，「我聽說你懂很多醫療方面的知識，」華淑芳回答：「是的，我希望有幫助，」堂區裡有很多病患。「你打算什麼時候開始看病？」此刻，華淑芳無法確切回答這個問題——她連會院內的診所都還沒看過呢。

下午，華淑芳參觀緊貼會院外牆而建的小診所。診所面積大約一坪，有些小玻璃瓶裝的藥，但這些藥在一個西方醫師眼中，是遠遠不夠的。

診所裡還有一些維他命、阿司匹靈、痢疾藥及少量抗生素。因為氣候潮溼，維他命及抗生素的膠囊已經融化，連帶毀了許多藥物。在如此潮溼高溫的地方，診所需要一台冰箱來保存藥物，然而中華聖母會囊空如洗。「就我所知，這不是一間診所該有的樣子，」華淑芳感到無助。

她閉起眼睛祈禱，希望自己更堅強，有朝一日能置身在一間設備充足、藥品齊備的診所。

十三、沮喪的時刻

在診所度過的每一分鐘，都讓華淑芳心情沉重。她決定洗個熱水澡，重振精神。但是熱水呢？熱水在梅山是奢侈品，會院裡沒有浴缸及熱水器，因此洗澡在這裡是一項大工程——在廚房用稻殼燒熱水，是洗澡的第一步。

嘉義是台灣的穀倉，稻殼又多又便宜。當水燒熱了，先將熱水倒入兩個水桶，提到三百公尺外的洗澡間，倒入水盆，再扭開水龍頭將冷水加入熱水中，調成適合洗澡的溫度。

還有更令人沮喪的事，梅山缺水時期，水龍頭是出不了水的。一九五九年十一月，華淑芳抵達梅山時，乾季已經開始，實施限水。華淑芳跟修女們得用扁擔挑著水桶到八百公尺外的街上，在水井打水，再扛回會院。去程是下坡，回程裝滿水時是上坡，每每為了搬水花費許多時間。「這讓我真切明白水是液體的白金，一點都不能浪費，」她說。

在修女院，用水的優先順序是：煮飯、飲用、洗衣服這些基本生活需求，洗澡可有可無。梅山的冬季從十二月到隔年二月中，潮溼寒冷，修女們在這裡生活多年，似乎無畏梅山冬季的冷冽刺骨。華淑芳生長的伊利諾州和威斯康辛州，雖然冬季也經常低於零度，但並不那麼潮溼，初來乍到的她很不習慣，總是感到冷得要命。華淑芳經常祈禱，有一天會院內會有自動調控水溫的水龍頭，浴室內熱氣環繞，能真正地洗一次熱水澡。

「我好幾次因此深感挫敗，迸出眼淚，」華淑芳回憶，這是她生命中少數幾次流下眼淚的時刻。

除此之外，華淑芳開始瘋狂地想吃甜點，特別是巧克力。她寫回家的每一封信，都請家人寄來「好時巧克力排塊」（Hershey bar），以及修女們愛吃的糖果，但她小心地避免家人以為她在梅山吃不飽。

李美納總會長讓華淑芳學台語，理由是「只有學會當地的語言，才能獨自出門為病人看病」。華淑芳因此一刻不得閒。一天十小時的語言課，占據了她大部分心思，特別是聲調轉變、抑揚變化，同一個字意義可能完全不同，讓她非常困擾，幸好她的語言老師展蘭芳修女很有耐心。同時，華淑芳也開始跟恩達修女在診所工作，讓病患逐漸習慣她的存在。

十四、沒有火雞的聖誕節

聖誕節前一天，有些修女在廚房包餃子或粽子，準備聖誕大餐。廚房正在忙碌，華淑芳跟其他修女被分配到山上找聖誕樹。她們找了又找，只發現一些骨瘦如柴、布滿細枝的松樹，這樣爬上爬下超過八公里，最後來到一位農夫的家。農夫是修女們診所的病人，他們全家出動幫忙找聖誕樹，最後選定其中一棵，農夫砍下後，由華淑芳和修女們一起搬下山。

整天在山裡奔波的華淑芳，徹底餓壞了。廚房傳來的飯菜香，讓她胃口大開，等不及想用手抓來吃。這是她生平第一次體驗到飢餓，也是李美納總會長第一次邀華淑芳跟修女們一同用餐。華淑芳陶醉在餃子和粽子裡，覺得這一餐即使沒有聖誕火雞也是如此美味，最後她用手在喉嚨上比劃著，表示吃飽了。修女們很高興華淑芳喜歡中國食物。她心想：「這也表示，我真心誠意想在中國人中成為中國人，」聖誕前夕的這些經歷，讓華淑芳和修女們更親近，她打從心裡感到溫暖。

十點鐘左右，華淑芳與修女們到中華聖母堂準備參加子夜彌撒前的聖誕遊行。聖堂妝點得很漂亮，也布置了一棵聖誕樹及聖誕馬槽。她在不是基督教的土地，上了第一堂基督教本地化的課程。

教友們為耶穌聖嬰準備了一頂竹轎，放上紅色、綠色、白色的皺紙。轎頂上懸吊著銀色鈴鐺，四周掛著閃閃發亮的燈泡。

十一點左右，聖嬰遊行開始，在平安夜歌聲中，隊伍穿梭梅山幾條街道，回到教堂，開始聖誕子夜彌撒。當孫神父舉行祝聖禮時，門口響起鞭炮聲。「我從座位上跳了起來，」華淑芳說，她不只是嚇一跳，也認為鞭炮褻瀆禮儀的神聖與莊嚴。然而，孫神父卻若無其事地繼續舉行彌撒。「這不是褻瀆，這是中國人慶祝耶穌誕生一千九百五十九年生日的方式，」華淑芳轉念一想，他們用鞭炮來表達對耶穌誕生的喜悅，也表示著幾世紀以來基督信仰與中國文化的交織融合。

十五、第一部交通工具

聖誕節期間，華淑芳和修女們還有另一項娛樂活動——學騎腳踏車。嘉義教區牛會卿主教送給修女們一輛腳踏車，這是她們在台灣擁有的第一部交通工具，為會院裡的平靜生活激起陣陣漣漪。華淑芳以前沒見過修女騎腳踏車，看著她們小心翼翼地避免會服捲入車輪，同時還要保持平衡，她覺得十分有趣。

大部分修女從沒騎過腳踏車，因此，她們好不容易騎上去就立刻倒下來，幸好只是擦破皮膚，沒受什麼傷。笑聲和肢體語言就像是遊戲一般，帶給她們滿滿的歡樂，華淑芳與修女們變得更像家人般親近。

來自美國、習慣使用汽車代步的華淑芳，很難了解為何修女們如此看重這輛腳踏車，並如此努力學習騎車——雖然她已經能聽懂修女們說的「我們不用再走路了」或「天主看顧我們的腳」。在她眼中，腳踏車是給孩子騎的。直到日後，華淑芳開始到遠處的家庭看診、在崎嶇陡峭的山路行走，才了解腳踏車對修女們的意義，它讓雙腳免於許多可怕的磨損。

聖誕假期過後，會院生活回復正常，華淑芳又開始一天好幾小時的中文學習。經過輕鬆的假期，當她一打開書本或拿起筆想練習寫幾個中國字時，內心就一片空白，就連到村莊裡走走，也感到單調；沒有一家店能買到可樂、巧克力、蘇打水或巧克力聖代，會院內清淡的飲食，華淑芳開始變得無法忍受。她十分懷念甜點，特別是巧克力。「如果能吃到一客多汁的牛排或滿滿一盤冰淇淋，該有多好！」華淑芳幻想著。

飲食同時也引發了另一種壓力。李美納總會長堅持華淑芳早餐必須吃四顆蛋，一天至少有一餐得吃肉。但是，修女們清苦的飲食中鮮少有這些食物，這對她們來說太昂貴了。華淑芳告訴李美納，她在美國也很少吃蛋，但李美納認為她需要蛋白質的營養。「美國人成天吃蛋和肉，但我們的飲食習慣不一樣，」李美納堅持。

華淑芳試著解釋，但徒勞無功。她強烈反對這種差別待遇，原因是，修女們無法負擔這額外的費用；另外，她渴望像個中國人，因此希望跟別人吃相同的食物。華淑芳也擔心特別的飲食會引起其他修女不滿。事實上，修女們和總會長想得一樣，認為西方人吃中國人飲食，無法維持健康。

十六、如果有間自己的醫院

冬天，梅山的天氣變得寒冷，特別是晚上。會院沒有暖氣設備，刺骨的寒風、潮溼的氣候讓華淑芳覺得快凍死了。修女們將熱水裝入瓶子讓她暖身。美國的天主教福利會（Catholic Relief Services）透過海運寄來許多衣服，分送給需要的人，華淑芳借了三件外套。同時穿上三件外套，加上裝滿熱水的瓶子，她才感覺舒服些。

來到梅山將近一個半月，華淑芳幾乎沒做任何跟醫療有關的工作。她覺得自己的才能被浪費了，也擔心對醫療變得生疏，因此，當展蘭芳修女邀請華淑芳一起到山裡看診時，她開心得想給展蘭芳一個吻。

一如往常，這趟旅程得步行，但她不在乎。其中一位病人，展蘭芳特別想帶華淑芳去拜訪，她認為華淑芳或許能夠幫上忙。展蘭芳受過護士訓練，路上，她用簡單的中文慢慢說明病人的狀況。

這位病患在二十多歲時感染了肺結核，她的雙親及丈夫也死於同樣的疾病。親戚將她的三個小孩帶走，不讓她們相見，只有一位親戚勉為其難來幫忙做些瑣事。一開始，華淑芳對此狀況無法理解，後來才知道，原來在台灣鄉下，肺結核是可怕的字眼，它代表「必死無疑」——太接近肺結核病人，就等於被捲入死亡的洪流。這位願意來幫忙的親戚怕被傳染，一星期最多來一次。

這位婦人住在簡陋的小屋裡。「我從未見過更讓我傷心的景象了，」華淑芳說，「它讓我的腸胃翻攪，」婦人靜靜地躺著，沒有出聲，也無法起身，只是躺在那兒等死。展蘭芳在婦人身邊蹲下，從包包裡拿出食物，將她的頭抬起，開始餵食。

展蘭芳耐心地餵這位瀕臨死亡的婦人吃東西，溫柔地跟她說話。婦人勉強挪動身子靠近修女，微笑地吃著。「我從未見過如此動人，讓人充滿感謝的景象，」華淑芳說。她的包包裡有一些維他命，她拿一顆給這位婦人，並包好其他六顆，讓婦人在下次她們來之前服用。修女們盡量一星期至少來三次，幫她餵食、洗澡並打掃屋子。

這只是人道關懷，對治療病情並沒有幫助。這位婦人需要立刻被送往醫院，雖然為時已晚，但至少能讓她在最後的時日減輕痛苦。

華淑芳突然有一個瘋狂的夢想——中華聖母會如果有一間屬於自己的醫

院，這位婦人就能得到需要的照顧和醫療，修女們也不必整日外出看診。但華淑芳很快回到沒有醫院的現實，繼續想方法治療這位婦人。

十七、我在這裡能做什麼？

在回會院的路上，三種可以治療肺結核的藥物不斷出現在華淑芳心中。受撟痨（INAH）、對氨基水楊酸（PAS）及鏈黴素（Streptomycin），這三種藥物是治療肺結核病的神奇藥物。「我們的診所裡有這種藥嗎？」華淑芳自問，「如果沒有，我可以從哪裡盡快取得呢？」她知道會院診所裡有維他命，維他命能幫助病患增加體力對抗疾病，但對治療肺結核的幫助有限。「一定得找到這三種藥物，來幫助附近的病患，」她想著。

回到會院後，華淑芳直奔診所，開始翻尋瓶瓶罐罐與箱子，卻一無所獲。缺乏藥物再次擊中她的痛點，她失望地坐到凳子上，雙手掩面，忍不住哭了起來。華淑芳在美國接受了多年醫療訓練，又取得公共衛生學位，現在卻似乎毫無用處。這裡有許多病患，也有許多疾病：癌症、肺結核、脊髓灰質炎、皮膚病、砂眼、痢疾、貧血、寄生蟲病、心臟病、甲狀腺疾病、腎臟病、痲瘋病、潰瘍、白血病及營養不良等，卻沒有能治病的藥物。

當這些疾病名稱進入華淑芳心中，重重疑惑同時浮起。「如果這裡沒有藥物，我還能做什麼呢？」華淑芳懷疑。中華聖母會沒有這麼多錢購買藥品，甚至連一般藥房該有的基本藥品都沒有。此外，也無法免費又快速地獲得這些藥物——向美國慈善機構申請藥物，飄洋過海寄到梅山來所耗費的時間，就像永恆一樣久。

「如果我在這裡只能包紮傷口，或帶食物與維他命給病人，卻無法醫治病人，為何我還要待在這裡？」華淑芳內心感到不安，她需要謹慎考慮，是否要在梅山浪費多年的醫療養成教育，「遠東或許有某處地方，有充足的醫療藥品，我可以發揮所長。」

曾經在華淑芳心中代表著浪漫的梅山，此刻徹底幻滅。同時她又擔心，或許整個遠東的情況都是如此。

晚餐後，與修女一起散心時，氣氛有些尷尬，有些修女用華淑芳聽不懂的台語交談，但華淑芳知道是在談她。她想跑回房間思考心中的問題。在美國時，每逢心情低落，她會打開收音機，躺在床上聽百老匯音樂或鋼琴演奏，讓音樂平靜情緒。但是在梅山，沒有收音機。她打開關於雷鳴遠神父的書，但她懷疑，曾經帶給她莫大安慰的故事，此刻會有幫助嗎？

十八、你在這裡可以做好多事

華淑芳想一個人靜一靜，但她的思緒被敲門聲打斷。「我可以進來嗎？」敲門的是展蘭芳修女。「今晚好美，你有看到星星嗎？」修女坐到椅子上後說。華淑芳知道展蘭芳不是來跟她討論夜晚的星星有多美，這完全是中國式禮貌——要進入一項主題前，先談其他的事情，一個小時或更久後才會談到真正的目的。

「是的，我看到星星了，像鑽石一樣美麗，就如你說的，」華淑芳回答，展蘭芳點頭微笑。

一陣沉默後，展蘭芳對她說：「我聽說有個地方的夜晚正像這樣。全世界沒有一個地方像日月潭這麼美麗了。你想去旅遊嗎？」

「這聽起來不錯，」華淑芳回答後，就沒再說什麼了。

展蘭芳繼續說著日月潭及台灣許多漂亮的地方，以及即將來臨的農曆新年有多麼熱鬧歡樂。嗯，展蘭芳何時才要開始談到主題呢？華淑芳正納悶著，但展蘭芳此刻卻起身走向門口，「已經很晚了，很抱歉打擾你，」她指著桌上雷鳴遠神父的自傳，「閱讀很好，書是很好的朋友，能讓人心靈平靜。」

華淑芳瞬間懂得修女的意思：不要輕易做出決定。閱讀或旅遊都能讓此刻的她不再陷入迷惘。這是華淑芳遇過最間接的交談。

離開時，展蘭芳突然轉身說：「葛洛莉雅，我們現在雖然貧窮，但貧困不會永遠跟隨我們。你知道我們修會在中國的經歷，但我們不會永遠像在中國時那樣。我們每位修女都非常熱忱地祈禱，也經常奉獻九日敬禮。有一天，天主一定會回應我們的祈求，」展蘭芳修女注視華淑芳片刻，接著說：「你在這裡可以做許多好事。我們都愛你，也需要你。這裡的人們也需要你。他們一樣喜歡並信賴你。」華淑芳好驚訝。展蘭芳怎麼知道她想離開？

「你的神情看來很憂傷。或許是看到了今天的景象，或是因為這邊的生活太平淡，」展蘭芳說，「但這不是一切，你的眼光必須放得更遠，放在另一片土地上。」

華淑芳聽了，緊咬下唇思考著。她想到第一晚來梅山時與自己的約定：在這裡住六個月後再做決定。自己幾乎毀約。

她躺在稻殼枕上，尋找舒服的姿勢，突然聽到稻殼互相摩擦的聲音。華淑芳從未注意過這聲音，它像森林裡的昆蟲鳴叫，也像雨水滴落在小屋頂上。

十九、中華聖母會的創立

八十年前，聖言會的田耕莘主教在山東省陽穀縣創建了中華聖母會。雷鳴遠神父創建的德來小妹妹會，協助田主教建立修會。中華聖母會是純粹的國籍修會，修女全都是中國人，直到來自美國的華淑芳獲准加入。

一九三四年，教廷宣布陽穀縣升為監牧區[11]，任命田耕莘神父為首任監牧。「在信仰傳播工作中，修女扮演著一個特殊角色。她們醫治病人、教育兒童、講授要理並協助傳教。因此，在陽穀監牧區甫成立之際，我已計劃建立一個新的修女會，從事上述的使徒工作。」

「我認為有必要建立一個修女會，它以對婦女講授要理為第一要務。無論如何，截至目前為止，此處和鄰近教區都沒有這樣的修會，」田主教在創會申請函中說明創會理由，「現在時局混亂，在短期內不可能平靜。年輕的中國女孩到遠地接受修會生活的訓練，是件危險和困難的事。」

一九三八年十一月十七日，當時還是陽穀教區監牧的田耕莘，向梵蒂岡教廷傳信部提出建立修會申請，同年十二月二十三日獲准。一九三九年，陽穀監牧區升格為代牧區[12]。一九三九年十月二十九日，教宗碧岳十二世在羅馬祝聖田耕莘代牧主教為主教。他的牧徽（座右銘）是「爾國臨格」（願你的國來臨）。田主教回國後，陽穀教區奉獻彌撒聖祭、感謝天主，也有學生以戲劇、吟唱等節目表示慶祝。中華聖母會的張剛達與王淑蘭兩位修女當時還是學生，也在表演學生之中。據她們回憶，會祖田耕莘在歡迎會上致詞：「我請求教宗准許，要立一個修會，得到了教宗的許可。」

一九四〇年，田主教創立中華聖母會，初名「聖母無染原罪會」，後改名「中華聖母傳教修女會」（簡稱中華聖母會）。一九四一年在陽穀教區的朝城，正式成立了修會的初學院。

田主教仰慕雷神父「真愛人、全犧牲、常喜樂」的精神，從河北省安國教

---

11 監牧區：某地區因特殊環境而未成立為教區，委託宗座監牧，以教宗名義牧養並治理該區的天主子民，該地區稱之為監牧區。開教之初，在教務尚未完全開發的地區，習慣先成立監牧區或代牧區。

12 代牧區：某地區因特殊環境而未成立為教區，委託宗座代牧，以教宗名義牧養並治理該區的天主子民，該地區稱之為代牧區。與宗座監牧區類似，為過渡性的傳教地區。

區請來德來小妹妹會的五位修女，由潘愛德修女擔任院長，李望德修女負責總務。一九四一年一月六日（三王來朝瞻禮，即主顯節），她們抵達陽穀，田耕莘主教以馬車送她們到朝城。德來小妹妹會的五位修女中，三位不久後先返回，潘修女和李修女與剛創立的中華聖母會同甘共苦，陪伴十六年。

初學院成立後，陸續有十二位小姐申請入會，經過望會[13]及保守[14]的預試期後，有的因不適應修會生活，有的因病返鄉，最後剩下五位初學生：閻愛蘭、張剛達、陳炳輝、李美納與閻瑪利，成為中華聖母會第一批修女。修會展開困難而堅忍的生命史，修女們在學校教書，在堂區講授要理、服務社會並照顧病人，使得修會即便是在八年抗日戰爭中期，仍得以繁榮發展。

二十、第一批修女正式發願

一九四二年十二月八日，中華聖母會的初學院有了第一批初學生。初學院設置在朝城聖堂後院，院內有小聖堂、院長與副院長室，以及發願修女、初學生和望會生的房間，還有教室、工作室和倉庫。此外，院中有羊圈、菜園和一棵梨樹，梨樹下是大家散心的地方；也有一口井，井邊有葡萄樹。

兩年初學期間，每天清晨四點三十分起床，做完早操，進聖堂祈禱，唱〈聖母小日課〉，然後參加彌撒。初學生每天早上九點、十一點及下午三點，都祈禱讚美天主。每天誦唸玫瑰經，閱讀聖書，也省察自己。

她們的日常飲食很簡單，早餐通常是小米綠豆粥、玉米窩窩頭，配點鹹菜；午、晚餐則加上一道熱菜。後來時局不好，每天只能吃兩餐。由初學生兩

---

13 望會：有意參加修會的男女教友，準備接受修會正式培育前的適應期，名為望會生。望會期內，修會與男女教友增進彼此的互相了解，為期半年至兩年，因人而異。

14 保守：更進一步了解修會及修會生活。為期大約半年至一年。

人一組輪流，負責準備一整個星期的伙食，打水、挑水也都自己來。工作時間，她們也紡棉花或羊毛、做紙花及針線活。

田耕莘主教住在陽穀教區坡里庄主教公署，當他下鄉傳教回來時，都會先到會院，看望這些他視為女兒的修女們。他很重視靜默，曾說：「一個修會要守好靜默；不守靜默就是一個瞎包（無用之意）修會。」因此院內謹守靜默，只有上午十點、下午四點及午、晚餐拜完聖體後，有半小時散心時間。

當時初學生每日輪流守聖時，一天兩人，每人半小時，特別為修會聖召祈禱。「奉獻生活就是侍主的生活，學會陪伴耶穌，才是真正奉獻生活的開始，」《中華聖母會會史》裡寫道。田主教常說：「人的性情很不容易壓伏，就像一個水瓢，壓到水裡頭，一鬆手就又浮起來了，所以要常常修練。」

一九四二年十一月十日，教廷調派田耕莘為青島教區主教。他常說：「立一個修會很不容易，」中華聖母會剛成立，第一批修女才剛進入保守期五個月，會祖卻要遠走他鄉。但他將一切託付在教宗手中，全憑天主聖意安排。

田主教赴青島就任前，把修會託付給他的繼任者牛會卿主教。有需要時，初學生也會到教區的診療所幫忙。當時聖神婢女傳教會（簡稱聖神修女會）的修女負責診療所，但病患太多，人手不足，初學生便加入醫療服務工作，有時一天要面對一百多名病患。修女們包紮病患傷處時，教導病患祈禱依恃天主，日後成了中華聖母會藉著醫療工作傳播福音的方式。

一九四四年十二月一日，第一批修女正式發願。當天大雪紛飛，車馬不行。牛主教徒步至修會為五位初學生舉行發願禮儀。發願前，神父為她們講避靜[15]道理——凡事都愛耶穌。這句話深深影響了這些年輕修女，面對日後逃難的困苦等都不灰心喪志。牛主教也常對她們說：「凡事都該為天主而做，不為天主做事，連煮飯都會驕傲。」

發願後，修女們在牛主教的指派下，有的前往陽穀傳教，有的留在診療所看顧病患，閻愛蘭和陳炳輝兩位修女則前往山東兗州學習醫護技能。一九四五年九月八日，中華聖母會第二批修女發願，其中包括展蘭芳修女。

一九四五年十二月二十四日，教宗碧岳十二世宣布田主教為亞洲首位樞機

15 避靜：在一段時期中，暫時離開日常的世俗生活，靜下心來祈禱、默思，做心靈上的反省，分辨並檢討自己對天主和對他人的關係，若發現有違天主旨意的地方，則設法改善。

主教。一九四六年二月十八日，田主教前往梵蒂岡聖伯多祿大教堂參加冊封大典，同年四月十一日，教宗又任命田耕莘樞機主教為北平教區總主教。

二十一、會祖田耕莘樞機主教

「他是一位聖人！」談起會祖田耕莘樞機主教，華淑芳說。

田樞機主教是亞洲第一位紅衣主教[16]，也是中國首任樞機主教、北平教區總主教、陽穀教區首任監牧及主教、青島教區主教、台北教區署理總主教、聖言會會士及中華聖母會會祖。「俺是小廟裡的神仙，沒見過（見不了）大煙火，」田樞機主教常將這句謙遜的話掛在嘴上，毫不掩飾地說：「俺是貧家出身。」

一八九〇年，田樞機主教生於山東省陽穀縣張秋鎮，六歲就跟隨父親搬到坡里庄。教會學校也教小孩背誦一些天主教經文，但從前的經文由古文翻譯，有些又是音譯，很拗口難念。例如從前的「聖號經」[17]由拉丁文音譯而得：「因爸得肋及費略及司比利多三多、亞孟。」學校裡有位老師對著田耕莘說：「連個

16 樞機禮服為紅色，故俗稱紅衣主教。

17 即十字聖號：因父及子及聖神之名。阿門。

天主經都背不會，絕對不會有什麼大成就。」一八歲時他的父親過世，當時人稱「山東之父」的福若瑟神父在坡里庄傳教，收留田耕莘在聖堂居住。

一九〇一年，田耕莘十一歲時由福若瑟神父為他付洗，進入天主教，後進入兗州教區聖心大修院。「最困難的是學拉丁文，」田樞機主教曾說。當時他的身體差，功課不好，兩次留級，同學開玩笑說：「你若能升成神父，我就吃你的鼻涕，」當時北方人把修道稱為「熬神父」，要嘗過苦頭，通過試探、誘惑。

一九一八年六月九日，田耕莘在兗州天主聖神主教座堂由主教韓寧鎬（Augustin Henninghaus）祝聖為神父。經過十年教區傳教生活，一九二九年，進入聖言會在戴家庄的初學院，兩年後成為聖言會會士。

教宗碧岳十一世，人稱傳教教宗，他突破中國人不能祝聖為主教的藩籬，國籍教區雨後春筍般成立。剛恒毅總主教為教廷第一任駐華宗座代表，他為完成教宗旨意，積極推動、成立許多由中國神職人員管理的監牧或代牧區。

教宗碧岳十二世上任後，成立國籍教區，從兗州教區劃分出陽穀自治區，不久改成監牧區，一九三四年任命田耕莘神父為陽穀首任監牧。有次田神父避靜回來，韓主教要他當陽穀監牧。「我沒資格去，學問都不行，」田神父回答，韓主教說：「你是聖言會士，要聽命。」

田樞機主教曾述說一段在陽穀的往事，當時陽穀有一座孤兒院，收留數十位孤兒。有次院長告訴田主教，存糧不多了，田主教聽說後，熱切祈求天主照顧。過了幾天，從菲律賓寄來一張支票，解決了孤兒院斷炊的危機。他說：「只要工作，就有錢！」意思是努力工作，天主就會照顧。當田主教被派任青島教區主教時，他說：「我去青島，完全是聽命。就算在青島日本鬼子把我弄死，也沒關係，反正我聽命了，一切都依靠天主幫助安排。」

「我當樞機是服從教宗的命令，也是為了國家的利益和榮譽，才接受樞機這名銜，只是空有名銜而已，」田樞機主教說：「俺連一張紙（文憑）都沒有，就當上樞機啦，」當教廷的任命電報傳到青島時，已過深夜，傳達人喚醒主教，田主教看了拉丁文電報，認為送錯了，倒頭又睡。

去梵蒂岡接受教宗冊封之前，南京總主教于斌建議田主教藉這機會向教宗碧岳十二世建議建立中國聖統制。一九四六年，教宗碧岳十二世頒布「中國教會聖統制詔書」，中國教會正式成立聖統制，全國分成二十個教省，七十九個主教區，代替原有的代牧區。

兩年後，一九四八年六月，田樞機主教離開北平到上海治療眼疾，不久共產黨占據上海，他開始輾轉流離。「沒能回北平教區跟他的教友在一起，與他的羊群共患難，是他一輩子的痛，」台北總教區榮休總主教狄剛說。直到一九五七年，田樞機才獲教廷允准抵台，一九五八年被任命為台北總教區署理總主教，六年後因病辭職，定居嘉義聖言會會院。一九六七年七月二十四日清晨，病逝於中華聖母會在嘉義創辦的聖馬爾定醫院。

二十二、從山東到台灣的大逃亡

八年對日抗戰，雖然勝利，卻換來國貧民瘠，共產黨因此坐大。一九四五年九月八日，中華聖母會第二批修女發願後，陽穀教區已四處可見共軍。由於修女也為他們看病，所以他們對修女還算客氣。不久，共軍開始要抓牛會卿主教，牛主教離開教區前往濟南，在三大馬路買了一棟樓房，改建為「耕莘醫院」。後來，朝城會院被共產黨選中，成為開會、鬥爭之所，原本要入初學的幾位保守生也無法舉行禮儀，全院上下十餘人在杜明德神父的指揮下，開始疏散。

一九四六年秋天，修女們與初學、保守及望會生先到坡里庄主教公署，時值秋忙，她們有許多事要做，日子在祈禱與工作中度過。到了冬天，局勢愈發緊張，修女們與學生分批離開坡里庄，前往濟南。坡里庄與濟南中間隔著黃河，共軍控制嚴謹，出門需要路條，否則就得冒險偷渡，於是有人藏在貨車的物品堆中，有人扮作村婦。

修女們在濟南的耕莘醫院住了三個月，每天在醫院幫忙。牛主教發現濟南也非安身之所，安排她們到兗州。兩個月後，牛主教委託于斌總主教在南京南方兩百里遠的高淳，找到一棟房子。一九四七年八月，修女們又從兗州動身前往高淳。但閻愛蘭、陳炳輝及閻瑪利三位修女，在濟南及兗州醫院照顧病人，來不及離開。

流亡途中，中華聖母會依舊舉行發願及入初學禮儀。一九四七年八月十五日，高利達修女發初願。同年十二月八日，王淑蘭、黃利納等四位保守生，在南京高淳的小聖堂也穿上了會衣。由於經濟困窘，修女沒能力買布做會衣，只能用救濟來的布，有時會衣上灰黑一塊、厚黑一塊，腳上穿的竟是從美國大兵處求來的紅鞋子，但她們內心充滿喜悅。在高淳一年兩個月，初學生在會院靜修，其餘修女出門傳教或在診所工作，生活清苦但安定。

一九四八年三月，牛主教自濟南逃到南京，受于斌總主教之託代管高淳教務，同年八月十四日，又就任福建福寧教區主教，遷往三都澳。一九四八年年底，潘愛德院長帶著初學、保守及望會生前往安徽采石鎮，發願修女仍留高淳工作。此時共軍已渡過長江，牛主教電報催促神父盡速帶領修女們離開安徽。一九四九年一月，大家分別自高淳、蕪湖、采石等地乘車到南京，兩天後搭上最後一列火車到上海，並在上海聖言會會院見到了會祖田耕莘樞機主教。

「天主聖意使一家人在逃難途中團圓重逢，田樞機慈祥地詢問大家逃難的情況，像老父親對女兒的關愛，也叮囑大家好好跟著牛主教，做一個好修女，」修女回憶會面情景。

在上海住了二十多天後，修女們搭船前往福建，同船的還有魯南兗州聖心大修院的四十六位修士（包括梅山本堂神父孫繼善、崇仁醫專校長方懷正神父，當時他們都還是修士）。一九四九年二月七日，船抵達福建馬尾，不久走水路經福州抵達三都澳，見到了牛會卿主教。

三個月後，共軍一步步逼近，主教再次展開逃亡，修會也需要撤離大陸。一九四九年五月十九日，中華聖母會修女搭上最後一艘船離開大陸。在海上兩天後，抵達香港。此時田耕莘樞機主教也已自南京避難至香港，當他見到教區的神父、修士和修女時，內心無限感慨。十二月八日，張維篤主教為黃瑪利、王淑蘭兩位初學修女舉行發願禮。十二月十六日，全體修女遷居澳門。抵達澳門五天後，又為兩位修女舉行發願禮。至此，中華聖母會有十四位發願修女，她們在澳門住了兩年。

修女們自離開山東兗州開始逃難後，整整過了四年，才終於在一九五一年夏天得到牛會卿主教的消息——他從三都澳逃出後，輾轉經過馬祖，到了台灣，暫住新竹市。一九五二年二月，修女們揮別住了兩年三個月的澳門，登船前往台灣。航程中遇到颱風，同行的船隻已沉沒無蹤，潘院長要大家準備心靈去見天主，船隻任風浪吹浮，飄到日本海峽附近，風浪過後才調轉船頭航向台灣。二月十九日抵達台灣基隆港。修女們懷著死而復生的心情，展開了在台灣傳教的新生活。

二十三、這地方太美了

從田耕莘主教在山東陽穀創建中華聖母會，到修女們抵達台灣，已經十二年，這段時日顛沛流離，少有安定之日。大風大浪後，修女們抵達新竹光復路，住在牛主教買的一棟兩層樓日式房子裡。頭幾天，原屋主尚未將祖先牌位移走，十多位修女及學生群居在只有六坪大的空間，每人只有一塊榻榻米大小可容身。幾天後，祖先牌位終於移走，空出一間房當作臨時聖堂，每天耶穌會神父來此舉行彌撒。

住處狹小，但總算有安身之所，修女們高高興興住下。小樓房一面臨街、三面環田，白天可以聽到街上喀喀作響的木屐聲，晚上，此起彼落的蛙鳴伴著入眠。因為當地人未見過修女，當修女第一次上街時，有位老太太看到她們的穿著，還以為是仙女下凡，拜個不停，後來才知道這些仙女是修女。初到台灣，修會經濟困難，每餐僅兩菜一湯，五花肉難得一見，晚餐常像守大齋似的，總是吃不飽，米飯也都是用生蟲的米煮成。長期營養不良，多位修女的手腳腫脹。

一九五二年六月七日，中華聖母會在台灣的第一間平民診所開幕，設在修女們住處的一樓，一開始病人不多，每天只有七、八人，多是些小毛病。治療病患時，修女也利用機會向他們介紹天主的美善，吸引了一些慕道者。

平民診所開幕後，中華聖母會的福傳工作紛紛展開。

王淑蘭等三位修女前往雲林縣樹仔腳傳教，她們開了間小診所，專治當時居民普遍罹患的甲狀腺腫大症。這些山東修女一邊治病，一邊學台語，也跟當地居民變成朋友。除了牧靈工作，她們也四處學習技能，有的學繡花，為神父做祭披；有的學眼科治療等醫療技能；有的籌辦幼稚園等。

第二年八月，展蘭芳等三位修女到桃園中壢石頭里天主堂服務，負責海星幼稚園。除了幼教工作，修女還得傳教，也協助堂區組織青年會、聖母軍，並開辦主日學。那時修女沒交通工具，全靠雙腳來回奔波，住處狹小又潮溼，三個人住一坪半房子。

一九五二年，教廷將日漸興盛的台灣教務重新劃分教區，在嘉義和花蓮設立兩處監牧區。教宗碧岳十二世任命牛會卿主教為嘉義監牧區主教，當時牛主教正在梵蒂岡聖伯多祿（Saint Peter）墓前祈禱。牛主教在歐洲為新監牧區傳教募款，也邀陽穀教區在國外讀書的神父們來台灣，同年十二月二十一日，牛主教在他的主保日——聖多默瞻禮——於嘉義市民生路七苦聖母堂宣誓就職，主教公署設立於雲林縣斗六鎮。

中華聖母會也在一九五四年十月二十日，由新竹遷往嘉義監牧區，住在斗六聖玫瑰天主堂的修女會院。王淑蘭修女負責照顧主教、神父們的生活起居，其他修女負責傳教及正心幼稚園的工作。修會遷至斗六兩天後，潘院長就和兩位修女到樹仔腳傳教，這是中華聖母會第三次在樹仔腳的福傳工作。

一九五五年初，牛主教在雲林縣斗南鎮和嘉義縣梅山鄉購地，為兩個直屬教區的修會蓋會院，中華道明會修女選擇斗南，中華聖母會選擇了梅山。同年三月十八日，張剛達和郭蘭芬兩位修女自樹仔腳饒平天主堂轉往梅山籌建會院。四月五日，中華聖母會將總會正式遷往梅山。當時的梅山天主堂本堂神父孫繼善回憶，「她們之中有八個人要到梅山會院。」

當時梅山街上有座小小的天主堂，中華聖母會會院就在由天主堂往上的山腳下建造。一開始時，整座會院用竹籬笆圍起來，籬笆外盡是稻田或空地，鮮有人家。房子底層是磚，上層由泥土跟竹片砌成，木柱上有瓦頂。東面是修女的住屋；北面有三間屋子，靠邊的一間隨即開辦海星診所，另兩間打通充當臨時聖堂；南邊用竹子搭建成廚房和餐廳。前院有塊小空地。中華聖母會在台灣終於有了真正的家了，她們的內心也踏實許多。「這地方太美了，」李美納修女說，「自八年前離開山東，這是第一個我們可以稱做永久的家的地方。」

修女們在會院開辦海星診所，
為鄰近民眾提供醫療服務。

二十四、選出首任總會長

修女們用「窮居」來形容最初幾年的生活。會院位處山腳，夏季潮溼多雨，常會淹水，木柱也容易遭蟲蛀，屋頂隨之傾斜。屋子每逢大雨都會漏水，牆壁斑駁龜裂，只能買白洋灰來修補縫隙，地面灰土一片，凹凸不平。「補不好的裂縫，可幫助屋內空氣流通，人也可從裂縫觀看屋外景緻，」修女們自我解嘲，「螞蟻、蟑螂也利用這些『便門』出入，」屋頂破了，克難地以鐵皮搭上，下雨時，在屋內就可免費聆聽「雨點進行曲」。

狂風暴雨時，聖堂牆壁隨時都會倒塌。有次，修女們清晨進堂祈禱，只見聖堂正面牆壁已被前夜的強風吹倒到靠近祭台，牆上的泥土也堆在祭台上。她們趕緊將牆壁扶正，再用支柱撐著，然後開始一天的祈禱。在外工作的修女知道情況後，都盡量帶東西回會院分享，甚至一個雞蛋都捨不得自己吃。有時一點肥肉在鍋裡爆香，就已是莫大享受。

一九五五年六月六日，中華聖母會第一次有台灣本地女青年入會，這三位望會生是鍾瑞淑、鄭碧花及張彩參。早晨修女們唸早課時，她們輪流煮飯、掃地，再到聖堂參加彌撒。每天上午，潘院長教她們修會規矩，也教她們查字典、學拼音說國語；展蘭芳修女教她們教會要理。午飯過後，她們戴上斗笠、拿起鐮刀、背著竹筐到會院後方的山上割草，教友送來兩隻兔子、小雞、小鴨、小鵝還有小豬，她們到處找草以「養家餬口」。

此時，忽然傳來德來小妹妹會也因戰亂而遷台，潘院長需要返回小妹妹會準備復會事宜。中華聖母會尚無發終身願[18]的修女，因此修女們內心不安。

一九五六年二月九日，經全體發願修女投票後，李美納修女當選首任院長。同年八月十三日，李美納、展蘭芳等幾位修女在斗六聖玫瑰堂發終身願。第二天，潘院長和修女返回德來小妹妹會，她們受田耕莘樞機主教所託，為中華聖母會費盡心神十六年。牛主教又由新竹請來聖神婢女會的鮑德明修女幫忙海星診所、張茂貞修女負責初學院。

一九五七年八月十五日，聖母升天節，中華聖母會選出李美納為首任總

18 終身願：修士或修女在暫願期滿時，向天主宣示，承諾信守終身的三個聖願（神貧、貞潔、服從）。

田樞機主教（右五）蒞臨中華聖母會，梅山小鎮頓時熱鬧起來。

會長，同年九月一日，召開第一次大會。得知田耕莘樞機主教要來梅山，素來寧靜的小村突然熱鬧起來，十月十七日，街上一片旗海，歡迎的人潮從會院排到村外，初學生也破例走出會院大門，歡迎會祖到來。田樞機進入會院後，由張維篤主教主祭，與牛會卿主教共同奉獻感恩聖祭。有人因為田樞機的到訪而認識了天主教會，成了虔誠的信友。

田樞機主教離台後，就開始為中華聖母會籌款，興建一座正式聖堂。

一年後，一九五八年十一月二十九日，牛主教為聖堂舉行祝聖禮，三十多位神父共祭，黃利納、王淑蘭等四位修女發終身願。聖堂原名「聖若瑟堂」，後改為「中華聖母堂」。

隔年，一九五九年有三位保守生——林芳嘉、鐘貞德、鐘德萊加入，她們來自樹仔腳老教友家庭。在她們之後有三位望會生加入修會，其中最引人注意的，是來自美國的華淑芳。

第二卷

二十五、梅山的美國醫師

華淑芳在梅山的第一個春天來得有點早，一月底就到來。天氣變暖，夜晚的山間少了點寒意，這對她像是萬靈丹，聖誕節後的愁緒很快地消失無蹤。但這不代表生活順遂，她仍想念家鄉的許多事物，例如汽水、巧克力與冰淇淋。此外，會院也沒有收音機，唯一可聽見的奇怪音樂聲是歌仔戲及台灣歌曲，從會院外超大聲的收音機隨風飄入會院。

華淑芳仍忙著適應傳教和會院生活。她經常在崎嶇起伏、狹窄的牛車路上走十多公里，為山中砍竹子、種香蕉或甘蔗的農夫們看病。雨天，道路溼滑，有些地方甚至水深及膝；乾季則塵土飛揚。沒到病人家看診時，她就在海星診所工作，跟著展蘭芳修女學中文。夜裡，十一點左右上床時，她早已筋疲力竭，有時想給家人或朋友寫信，就得到午夜才能睡覺。幸好，她不是修女或初學生，不必大清早四點四十五分起床，只要趕得及六點的彌撒即可。

有天，修女告訴她，一位父親帶著女兒在門口說要見「美國醫師」。他們來自三十二公里外的村莊。「誰告訴你們這裡有位『美國醫師』呢？」當他們踏入診所時，華淑芳問。這位父親似乎對這問題感到有些驚訝，「我的太太，」接著，他趕緊解釋旁邊這位是他女兒，今年十六歲，她的手抖個不停，無法自己進食。「我花了許多錢，但沒人能治好她，」這位父親說。

滿天飛的小道消息，讓愈來愈多的病人來海星診所。華淑芳很好奇原因，因此問這位父親：「你太太怎麼知道我們？」他不耐煩地回答：「我的太太沒生病，她很健康，是我女兒生病，」華淑芳心想，應該是某部分溝通有問題，為避免誤會，便趕緊為她女兒看診。經過檢查，華淑芳診斷這位名為梅蘭的女孩罹患類似帕金森氏症的疾病。幸運的是，診所有藥物可以治療這個疾病。

華淑芳要這位父親一星期後帶小女孩回來複診。這位父親猛搖頭，閉上眼睛並嘆氣，然後像教訓小孩似地說：「一星期後是過年，我要元宵節過後才來診所，」那將是三星期後。經過幾星期治療後，梅蘭已經可以舉起手而不再顫抖，不久後她去台北，找到了工作。

即使經過修女們解釋，華淑芳仍無法理解，農曆年為何持續兩個星期。這期間，診所完全沒人上門，甚至連一次急診都沒發生；沒有人願意過年期間到診所看病，那是觸霉頭的，會因此生病一整年。

二十六、真正開始在梅山的生活

華淑芳發現，所有中國節慶裡，農曆新年是最盛大、最熱鬧也最歡樂的。所有的過往都已過去，開始新的一年。人人穿新衣，即使是窮人中的窮人也要想辦法買或自己做一件新衣服。而且，大家至少一個月前就開始縫補、打掃及購買年貨，幾星期前就開始準備豐盛的食物。「中國新年從四處響起的鞭炮聲開始，」華淑芳說。

家家戶戶在過年期間，都會出門拜訪親友或是旅行。梅山在當時是旅遊勝地之一。梅山公園有座小動物園，梅花盛放，遊客從四面八方搭公車、計程車、騎腳踏車、摩托車或走路，甚至是坐牛車來。舞龍舞獅在震天的鞭炮聲及煙霧中舞動，藉此除去厄運，帶來好運。「我懊惱自己沒有相機，能拍下這一切，」華淑芳說，這景象真是攝影者的天堂，每個人如此興高采烈，每件事物都充滿色彩。

農曆新年讓中華聖母會有喘息的機會。修女開設的幼稚園關門放假，海星診所也沒人上門。所有事情暫歇，悠閒的步伐讓會院瀰漫著渡假的氛圍。

過年持續兩星期，直到元宵節結束。但是年雖過了，惱人的事依然存在。

「公車過度擁擠，」華淑芳說，公車只能載運四十個孩童，但在梅山，公車上通常擠進六十個成人，每次搭乘都讓她頭痛欲裂。

蚊子多則是另一個痛苦，華淑芳也無法完全適應用水桶來淋浴，以及浴室在屋外這件事。她常夢見在真正的浴室中痛快洗個澡。

此外，還有蛇。所有修女都努力讓蛇消失，以免嚇到華淑芳，但她還是又遇上了。

有一天，當她前往洗澡間時，發現一條蛇在離她腳下九十公分左右的地方。那條蛇急速捲曲身體，抬起頭和頸部，蛇信狂野地從口中冒出。華淑芳整個僵住，接著大聲驚喊：「蛇！」修女從三棟屋子分別跑來。孫繼善神父剛好來幫修女上神學課，他捉到了這條將近兩百公分長的蛇。

「有蚊子、紅螞蟻及蛇相伴，你真正開始在梅山的生活了，」展蘭芳修女開玩笑地對華淑芳說。生活有許多奇怪的轉折，蛇的事件讓華淑芳跟修女們更親近。當展蘭芳說「真正開始」，蘊含了極大的真實。從華淑芳第一天抵達梅山，就與展蘭芳建立溫暖的關係，但她始終覺得無法完全融入。經過蛇的事件，大家坐在一起喝茶時，笑談哪時哪位修女看到蛇的驚恐表情，華淑芳開始感到自己成為這個大家庭的一份子。但是，她仍不滿意。

二十七、還有更深的召喚

華淑芳突然看到一道彩虹，心想，盡頭的黃金[19]在哪裡呢？會不會就在梅山，只是我沒看見？她的二十八歲生日即將來臨，許多問題在內心盤旋——「我的生命意義究竟是什麼？」、「一九六一年秋天，我與中華聖母會的兩年服務合約到期，然後呢？」、「留在梅山，還是到遠東其他地方？」、「在這裡停留一段時間，然後再離開？」然而，最重要的是，「如何服侍天主和祂的子民，才是最好的方式？」

華淑芳有許多到全世界各衛生機構發揮所長的機會，她在美國的朋友也來信提供許多建議。但它們有一個共同的缺點：缺乏靈性的目的。「只是單純治病，對我來說不夠，」華淑芳心裡有一個真誠而重要的召喚，「還需要一個更深的目的，根植在教會的金科玉律裡：為救人的靈魂，將天主的話傳給所有人，很多人從沒機會認識天主的真理；以及成為基督宗教的見證，讓非基督徒也能透過自由給予的慈善，看見基督徒的愛。慈善就是愛。」

傳教固然重要，但華淑芳不認同用診所或病床當講經台，在給予治療前讓人改信天主教。在她眼中，如此做令人作嘔，在梅山的海星診所，華淑芳也絕不能容忍這樣的事情發生。事實上，這也是中華聖母會的嚴格規定：不要「飯碗」基督徒，意思是不要用施予換來信仰。那些只因為施予而有意成為基督徒的人，當施予結束，他們又會轉回原來的信仰。

她再次閱讀雷鳴遠神父的傳記，並將他遇到的困難拿來對照自身。雷神父從一九〇一年踏上中國的土地開始，到一九四〇年過世，無數難以克服的困境一個個來到他面前。敵人環伺、猛烈攻擊，想讓他離開中國，甚至免除聖職。但他愉悅、堅定地繼續工作，做基督的證人。

「那我的困境是什麼？」華淑芳問自己。是蚊子或是蛇嗎？是外出門診交通不便，還是長時間的工作呢？是藥品缺乏、醫療設備不足卻有許多的病人需要幫助？抑或簡陋的屋子、傾斜的天花板和總是潮溼的地板？還是沒有汽水、電影或收音機？當她把自己遇到的問題對照雷神父面臨的困境，「我簡直養尊處優，」華淑芳說。

19 相傳彩虹的盡頭有黃金，由精靈看守。

在雷神父的自傳裡，提到兩位歐洲女性，露格修女和周修女，她們來自富裕的家庭，卻在一九三〇年代前往中國，加入德來小妹妹會。「和她們經歷的困難相比，我的困難簡直相形失色，」華淑芳說。她們的床是泥土磚坑；她們的枕頭是磚塊。而華淑芳有木板床、床墊、稻殼枕頭，還有一頂蚊帳罩著床。「我告訴自己，如果雷鳴遠神父和露格修女、周修女能忍受如此的艱難，我也可以。相對來說，我的困難顯得微不足道，」她心裡想。

財團法人私立
天主教中華聖母社會福利慈善事業基金會
Sisters of Our Lady of China Catholic Charity Social Welfare Foundation

信用卡傳真捐款單

填表日期：　　年　　月　　日

支持失智家園籌建經費

□每月定期定額 ＿＿＿＿＿ 元 起迄：自＿＿年＿＿月起至＿＿年＿＿月止 ※結束日期請勿超過信用卡有效期限，欲停止捐款請來電通知	□單次捐款金額：＿＿＿＿＿ 元 ※單次捐款滿1,600元，可獲得華淑芳修女《愛的腳蹤》新書一冊 (不累計贈送)
捐款人(持卡人)姓名：＿＿＿＿＿＿	持卡人簽名：(請與信用卡相同) ＿＿＿＿＿＿
信用卡卡號：＿＿＿＿-＿＿＿＿-＿＿＿＿-＿＿＿＿(目前暫無法受理大來卡，美國運通卡)	
信用卡有效期限：＿＿＿月/＿＿＿年 (填入西元年，並依卡片順序填寫)	發卡銀行：＿＿＿＿＿＿ 銀行
收據抬頭：□與持卡人同，持卡人身分證字號：＿＿＿＿＿＿ □請另外開立，收據抬頭姓名，＿＿＿＿＿＿，收據抬頭之身分證字號/統編：＿＿＿＿＿＿	
收據寄送：□每次寄發，寄發地址：＿＿＿＿＿＿ □不需寄送紙本收據，資料由本會上傳財資中心，您可在次年線上申報所得稅時查詢 □年度收據，將於隔年2-3月寄發	
聯絡電話：＿＿＿＿＿＿	E-Mail：＿＿＿＿＿＿

或以郵政劃撥方式捐款(請直接到郵局填寫空白劃撥單，不用填此單)**劃撥帳號31561904 戶名：天主教中華聖母基金會 (註明：愛的腳蹤)**

請填妥本表資料後傳真至中華聖母基金會傳真專線：(05)277-4820、(05)277-6214　、郵寄至：60044嘉義市民權路60號5樓
天主教中華聖母基金會收 或拍照回傳LINE@ LINE ID @btl3901W
捐款服務專線 (05) 277-8388分機3322、3301 天主教中華聖母基金會 感謝您的支持

二十八、認真考慮成為修女

華淑芳也不禁細想，聖特雷莎學院保祿院長成為修女的過程。保祿院長原本是平信徒教育者，卻在中年時發現人生充滿空虛，於是在四十歲時加入吳甦樂修女會（Ursuline Sisters）。「她不只是對學生充滿同理心，也是我所見過最快樂的人，」華淑芳說，「因為平安在她的內心。」

當保祿院長告訴華淑芳，她有天將成為修女時，她在心裡偷笑。如今，當華淑芳開始認真考慮選擇繼續當平信徒傳教士或成為修女的聖召時，她已無法對當初的預測掉以輕心。「當然，身為一位平信徒，我仍然可以成為基督的見證，但似乎有道看不見的牆，橫在我面前，」華淑芳說，「似乎，要做為基督的證人、完全而徹底地奉獻，只能越過這層阻礙，更深地進入宗教的世界。」

「我要這樣做嗎？」華淑芳自問：「我願意拿平信徒的自由換取與世隔絕？把自己完全獻給天主，成為一位修女？」幾個月前，當她抵達梅山時，曾祈求天主給她力量，在這裡待上至少六個月，再決定返回美國或繼續停留兩年。如今，已滿六個月。華淑芳謹慎地檢視：「我對當地民眾的健康有幫助嗎？我有融入東方的文化與生活習慣嗎？與中國人在一起時，仍有如當初的想望般感到熱情澎湃嗎？中華聖母會穩定嗎？修女們的宗教生活充滿喜悅嗎？她們吸引我成為會院生活的終身夥伴嗎？她們喜歡我嗎？」這些問題，她的答案都是肯定的。

華淑芳又自問：「如果成為她們之中的一份子，我的生命是否會滿盈？」她把這問題與另一個問題一起衡量，「如果以平信徒醫療傳教士身分繼續留在梅山，我的內心是否能擁有平安並成為基督的見證？」後者的答案對華淑芳來說，是否定的，「我覺得我生命的目的，是成為中華聖母會的修女。」

二十九、決定加入中華聖母會

華淑芳找了一個星期日的午後，在這一星期中最平靜的時刻，把她的決定告訴孫繼善神父和李美納總會長。那是一九六〇年六月中，暑氣蒸騰。她走過會院的庭院，敲李美納的門。「可以請您陪我去見孫神父嗎？」華淑芳說，「我有件事情想對您們兩位說，」華淑芳的中文還沒流利到能清楚說明自己的決定，而孫神父會說一點英文，可以幫忙翻譯。

李美納輕輕點頭，但眼神有些擔憂。會院內的雞群一夕之間染病，五十隻雞喪命，存活下來的只剩五隻。雞是會院重要的食物和經濟來源，有人說「金錢是魔鬼的根源」，應該再加上一句「沒錢是煩惱和頭痛的根源」。身為總會長，修會頓時失去重要經濟來源，對李美納來說是極大的考驗。

她們穿過開滿野花的庭院，進入本堂孫神父的住處。李美納簡短又快速地向孫神父說了一些華淑芳無法聽懂的話。

「你要告訴我什麼？」孫神父問華淑芳，他的臉上有些困惑。

「七個月前，當我來梅山時，發現這裡的一切都跟我的家鄉不一樣。那時，我並不太確定自己是否能夠喜歡上這裡，所以透過祈禱，我跟自己做了一個約定，等六個月後再決定要留在梅山或者回到美國，」華淑芳開始說，「我的決定是希望中華聖母會同意我入會，」華淑芳接著說明診所目前的情況，「目前仍有幾位病患需要長期照顧，預計可在一個月後結束治療。若同意我入會，我們能在一個月後開始嗎？」

孫神父仔細聆聽，然後翻譯給李美納聽，李美納流下眼淚。

「李總會長說她很抱歉，」孫神父用英文對華淑芳說，「我也很抱歉。我們不知道你的心裡這樣想。我們知道你遇到許多困難，浴室沒達到西方的標準，我們對此感到很抱歉。你及你的工作表現都很好，我們非常感激你所做的一切，很難過你不快樂，而且一個月後要離開。」

「一個月後要離開？」華淑芳打斷孫神父的談話，「你在說什麼？」

神父回答：「當然是你的決定啊！」

華淑芳望向李美納，她的頭低垂。「我想這中間一定有什麼誤會，」華淑芳轉向孫神父說。

「我們知道你的感受。生活、食物、習慣等等，一切都跟美國不同。

我們的生活條件還不夠充裕，沒錢蓋好一點的會院，實在不該在我們還沒準備好之前就讓你來。我們為這些不便深感抱歉，」孫神父說。

華淑芳實在不知道孫神父在說什麼，最後她說：「孫神父，你是建議我離開嗎？」這下換神父目瞪口呆了。他說：「當然不是。如果你能留下來，我們會很高興。」

華淑芳再說一次：「我要留下來，我想成為一位修女，在這裡，跟修女們在一起。」

李美納和孫神父聽了之後非常開心，華淑芳也是。然而，他們堅持華淑芳必須先避靜兩天，再做最後決定。

沒想到，幾天之後，三輪車運來一個外國的坐式馬桶，大家驚奇極了。李美納透過孫神父的翻譯，以為這位美國小姐不習慣梅山的生活，想要離開，因此買了外國的馬桶，希望留住她。雙方結結巴巴地說明後，發現是孫神父翻譯錯了，原來是誤會一場。

幾個星期後，華淑芳做了避靜。避靜一結束，她立即寫了一封信回家。「我做了避靜，好決定我未來的生命要做什麼，而現在是做決定的時刻了。我已不

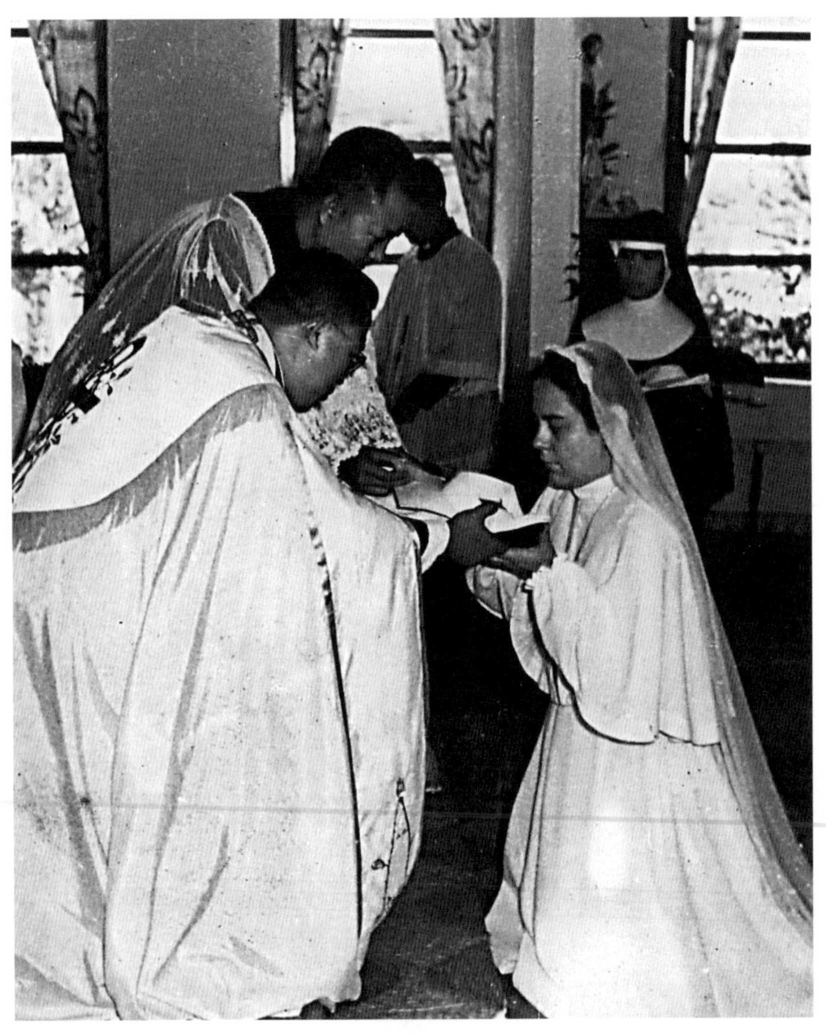

華修女（右下跪地者）努力克服水土不服和語言不通的困難，決定加入中華聖母會，在台灣落地生根。

再年輕，我想將自身完全奉獻給天主，並且在一個像家人般親密的團體裡做天主要我們做的事，一起生活、祈禱、工作。一個至死不分開的團體。因此，修女的生活似乎是我要的生活。」

華淑芳繼續寫道：「現在我在梅山，我對這裡的認識並非透過閱讀，而是從生活的一切經驗中獲得，所以我愛梅山更甚過從前。修女們待我很好，我們相處了七個月，雖然談話不多。我仍在跟中文奮鬥，這真是一個困難的語言。修女們也希望我成為她們的一員。在此一切都好，我何須另覓會院？梅山似乎就是我會開心的地方，也是天主要我留下來的地方。因此我決定加入中華聖母會，成為望會生。」

三十、來自美國的神祕捐款

當華淑芳醞釀著自己的未來時，事情一件一件接踵而來，包含許多附上美金的神祕信件。特別是從一九六〇年四月底開始湧入的信件，每封信都附上奉獻金，通常是一或二美元，並註明要捐給修會建造新會院及初學院。沒有人知道這是怎麼回事。

這讓修女們十分興奮，因為她們正期待著建造新會院。她們每日祈禱，希望有間大一點、不會漏水的屋子。但是，是什麼原因讓這些信件如雪花般從美國飛來呢？

第一個線索來自信件中的一份剪報，美國科羅拉多州的教會報紙《丹佛通訊》（*The Register of Denver*），標題寫著「在福爾摩沙（台灣）為生存戰鬥——流亡的修女急需幫助」，內容敘述修女們從中國共產黨手中逃離至台灣，正努力想在梅山重建會院，因為這裡的會院已殘破到無法整修。文章裡提到，捐款可寄到芝加哥給國兆隆神父（國兆隆神父是李美納總會長的兒時玩伴，曾幫助修女逃亡），或是直接寄到梅山會院。但文章並沒有署名作者。

直到六月初的某一天，就在華淑芳向李美納總會長、孫繼善神父提出希望成為修女後不久，國兆隆神父的信寄來了，信裡附上一張支票及捐款人名單，還有《丹佛通訊》報導的剪報。國兆隆神父要修女們回信答謝捐款人。「神祕事件結束，」華淑芳說。

國兆隆神父的文章，以及捐贈人的溫暖善心，讓修女們有了將近三千美元的經費，建造新總會院。

「但是，如何利用這個得來不易的機會，與捐贈人建立更直接的聯繫？」華淑芳想，「如果有更多美國人知道我們的故事，我相信他們將會投入更多資源來幫助我們，我們也可以加快建立新總會的腳步。」

一個重要的計畫就此展開。第一、為每位捐助人建立資料卡，以便將來保持聯繫。第二、寫感謝卡片，寄給每位捐助者。第三、聖誕節時寄聖誕通訊給每位捐助人，報告修會最新情況，並請求再次捐款援助修會。第四、與美國每一位主教聯絡，讓他們知道修會的情況與需要，特別是重建一座新總會院與初學院。華淑芳建議李美納，先從前三項開始進行。

華淑芳堅持每封信都要個別寫，而她是會院裡唯一能寫英文信的人。這次的捐款人約有兩百位，對華淑芳而言，好像突然有了兩百個鄰居需要聯絡。她希望在七月初開始望會生生活之前將這件事完成，因此許多夜晚都得熬夜寫信。

三十一、聖誕節通訊

捐助人名單上有個名字，讓華淑芳感到困惑——克朗寧院長（Mother St. Joan of Arc Cronin），一位吳甦樂會的修女。

十年前，當華淑芳成為天主教徒時，保祿院長想送她領洗禮物，問她想要什麼。華淑芳想要聖女貞德（Joan of Arc）的聖牌，因為她的英文名字第二個字Joan，就是取自貞德。保祿院長到處尋找，就是找不到聖女貞德的聖牌，最後想到朋友克朗寧院長，她的主保聖人就是聖女貞德。幾個星期後，克朗寧院長寄給華淑芳一面漂亮的聖牌。

十年後，在與美國相隔一萬六千公里遠的台灣，克朗寧這名字再度出現。華淑芳跟克朗寧院長早已失去聯繫，她心裡納悶，這跟寄聖牌給她的修女是同一個人嗎？華淑芳在感謝信中表達了這個疑問。幾星期後，華淑芳收到回信，這位修女正是當年送她聖牌的人。「我們的世界真是很小啊！」她有感而發。

華淑芳成為望會生後，李美納總會長准許她繼續寫聖誕通訊。但是，她還要讀書、默想、做家務及其他望會生該做的工作，一天只有大約一小時的時間寫信，因此寫得很慢。她花了幾個月終於完成所有的信，信中簡述修女們逃難到台灣後在梅山的生活，以及中華聖母會在台灣的工作。

我想告訴您我們藥房的故事。這裡的大部分病患是窮人，付不起醫藥費，因此我們必須身兼醫師及護士，不管疾病嚴重或輕微，都盡我們所能做最好的診治，並善用有限的醫療藥品。

不久前，一位非常貧窮的農夫抱著他七個月大的嬰兒來診所。他必須離家幾天外出找工作，但他的太太中風病重，雖然恢復一些，能用助行器行走，仍無法妥當地照顧他們的四個孩子。於是，農夫想將懷中的嬰兒暫時託付給我們。

這嬰兒非常虛弱，甚至無法移動頭部，瘦小的身體，讓人看了生憐。我們竭盡所能照顧他，但仍缺少足夠的奶粉，最後小嬰兒死了。

我描述的這些景象對美國人來說，難以想像，除非親眼看見才能相信。當我們能給予幫助時，我充滿喜樂，但是，讓人時常感到難過的是，孩童因為缺乏食物與照顧而死亡。這些結果令人感到無力，因為我們缺乏必要的金錢。

聖誕通訊寄出後，捐贈人再次伸出援手，中華聖母會總共收到一千美元。

三十二、兩桶金的夢想

同時，華淑芳突發奇想，或許能靠著「兩桶金」快速致富——蝴蝶與集郵。她曾在某處讀到，南美洲有位神父靠賣蝴蝶到美國的收入建造了教堂。梅山會院裡正好有許多蝴蝶飛舞，華淑芳於是寫信給父母，請他們幫忙打聽美國的蝴蝶販售者。

台灣曾有「蝴蝶王國」之稱，在一九六〇年代全盛時期，將蝴蝶製成標本、書卡、貼畫等，銷往世界各國，其中光是蝴蝶標本外銷便高達千萬隻。

華淑芳和修女們用舊棉衣製成補網，套在竹子上，然後到院子裡、菜園裡，捕捉那些在花朵、果樹間穿梭飛舞的蝴蝶。每個晚上，她們小心地將白天捕抓到的蝴蝶放在一塊大板子上，並且試著計算它們在美國的蝴蝶市場能賣多少錢。「我看到美金滾滾而來，」華淑芳說。

最後，她收到家人的回信，原來美國已經沒有蝴蝶市場了。修女們只好把漂亮的蝴蝶掛在會院牆上，蝴蝶很快就被紅螞蟻吃得面目全非。

華淑芳不灰心，雖然蝴蝶的事業飛了，但還有集郵市場。「在美國有數百萬人集郵，他們渴望擁有台灣發行的漂亮郵票，」她認為。

她又寫信給父母親，他們回信說一套新郵票淨賺約一塊六美元，同時也列上購買郵票的規則，以及如何寄送避免郵票受損。所有修女跟華淑芳又開始瞎忙一通，以求符合美國那些集郵者對細節的講究。

每一套郵票只能獲利一塊六美元，華淑芳的父母親認為非常微薄，但對許多台灣人來說，一塊六美元是兩天的工資。「一塊六美元換算成台幣是六十八元，」華淑芳寫信給父母親，「我們會院二十三個人，一天的菜錢不到一百元台幣。」

這段期間，修院也終於有了一台電冰箱。有個美國軍人將離開台灣，打算賣掉他的家用電器，而華淑芳因為開始初學，必須放棄包含金錢等的世俗財物，於是用她的存款買下二手冰箱。修院的廚師認為，冰箱是如同輪子一般的偉大發明，讓她不必再每天辛苦地去買菜。不過，買冰箱的最終目的，當然是為了妥善保存診所裡的藥物。

在這之前，診所內的藥品常因為天氣潮溼炎熱，幾星期內就變質而無法使用，缺少了這些藥物，有些病人甚至因此死亡。現在，這些問題都將獲得解決。

三十三、成為初學生

經過一段時間的望會期後，華淑芳毫不猶豫，決定繼續往前走。「成為修女，我會開心的，」成為初學生的禮儀，訂在一九六〇年十一月三十日。

彌撒禮儀的前一天，牛會卿主教從斗六前往梅山，準備授給三位望會生初學生的衣服。牛主教患了重感冒，傍晚華淑芳幫他檢查，發現體溫已高達攝氏三十八．九度，血壓超過兩百。華淑芳建議牛主教休息幾天，不要主持第二天的彌撒。但牛主教不願意錯過，隔天，彌撒禮儀仍照常舉行。

這天，中華聖母會在彌撒禮儀中接受華淑芳等三位望會生成為初學生。彌撒由牛主教主祭，嘉義教區超過二十位神父共祭。人們從台灣各地趕到梅山參加禮儀，德來小妹妹會的修女從台北來，兩位修女從苗栗來，有些華淑芳的病患也來參加，包括那位罹患帕金森氏症的女孩梅蘭，她特地從台北回來。還有一位嘉義來的記者——他對美國人加入中國的修會，感到非常新鮮。「我的夢想是到中國，並與中國人一起生活、工作，」在訪問中，華淑芳告訴這位記者，「我希望成為中國人中的中國人，除此之外別無所求。」

自一九五四年秋天後，中華聖母會有九位望會生，其中七位成為修女，平均一年增加不到一位，這意味著修會的成長緩慢。「今天成為初學生的我們，在一九六二年的秋天，都會發初願成為修女嗎？」華淑芳自問。

初學生的生活，在鈴聲和規矩中度過。從早到晚，起床的鈴聲、祈禱的鈴聲、吃飯的鈴聲、睡覺的鈴聲，一夕間變成她生活的一部分。華淑芳雖然早就對這些鈴聲習以為常，但那時她還是平信徒，不受約束，但現在她不再是平信徒了。

這段忙碌的期間，一個對華淑芳來說特別有意義的日子，幾乎要被遺忘。那就是十一月二十七日，她到梅山的一週年紀念日。

一年前，華淑芳獨自來到這片異國的土地，那時的她感到不安，覺得修女們生活在受限的世界裡，怎麼可能會快樂呢。現在，華淑芳正在接受初學培育，成為修女。一年前，華淑芳對自己的未來有許多疑問，現在，所有問題都塵埃落定。她知道自己將要做什麼，心中萌生一種自在、平安的感覺，儘管她仍有一個疑問：「如何持續一整年與外界隔絕的生活？」

一九六〇年十一月三十日，華淑芳（下方著白頭巾者右二）等三位望會生，在隆重的禮儀中成為初學生，往「成為修女」的路邁進。

三十四、腰瘦背痛的菜園工作

急促的敲門聲，打破了會院的寧靜。

「美國醫師！」會院門口傳來男人喊叫的聲音，「我需要她。我太太快死了。」

李美納總會長的腦中閃過一個兩難的抉擇：初學生必須與外界隔絕，要嚴格執行這個規矩？還是有彈性地取捨呢？她毫不遲疑地對華淑芳說：「去吧！」

華淑芳與另一位修女隨著這位先生穿過山區，趕了四．八公里的崎嶇長路，來到他的家。華淑芳檢查過後發現，這位婦人是因為背負過重的米袋而造成椎間盤滑脫，於是她就地取材，用鐵熨斗支撐做了簡易的背架固定。婦人休息幾天後，還得重返田裡工作。「台灣的人民真的很刻苦耐勞，他們自尊心很強，也很有抱負，工作認真並且節儉，」華淑芳說，「台灣人是好人。」

在初學這一年裡，發生過幾次類似的情況，有些病患嚴重到瀕臨死亡。這時，華淑芳必須離開會院去診治病人，打破必須與外界隔絕一年的規矩。「坦白說，我很喜歡這些偶發事件，即使這意味著，好幾次我得背起裝滿藥物、維他命、繃帶、聽筒和血壓計的超大醫藥箱，走過崎嶇的山路，」她說。

除此之外，生活盡是默想、讀書和工作。

會院的後院有菜園，大部分修女和初學生必須在這裡工作，修女們的手指都染綠了。華淑芳在城市長大，只有小時候因拜訪親戚家的農場，到過她心裡所謂的鄉村，此後她從未如此親近菜園。菜園約一千兩百多坪，分成三部分，沒有一寸土地浪費掉。沿著磚牆內種植香蕉、木瓜，葡萄柚和柳丁種在一區，其餘的地方種花生、番茄、胡蘿蔔、洋蔥、高麗菜、萵苣、地瓜、馬鈴薯和四季豆等。

嘉義的氣候適合種植各種作物，一整年都有收成，這對修女們非常重要。除了自己食用外，她們將剩餘的蔬菜、水果拿到市場販賣，增加收入，才能買米、麵粉、糖、鹽、布等物品，來維持生活所需。這些收入，也用來整修會院的破房子、幫助修女們到別的地方傳教。

菜園的一角有雞舍，最多曾飼養一百隻雞，這些雞用來下蛋，讓修女販賣、增加收入；另外，還養著一、兩隻豬，有時多達三隻。所有修女都得做這些讓人腰痠背痛的工作，無一例外。

修女們在菜園裡栽植農作物，除了自己食用外，也將剩餘的蔬菜、水果拿到市場販賣，增加收入。

一整天在菜園裡工作之後，有好幾次，華淑芳在九點休息的鐘聲響起前，就已經呼呼大睡。大清早四點四十五分的起床鐘聲，對她則是酷刑。「這些腰痠背痛的早晨，如果能沖個熱水澡該多好！」她時常這樣夢想著。

三十五、心碎事件

除了菜園的蔬果和雞，豬是會院另一項增加收入的來源。這時，修女們用地瓜養胖的三隻豬，已經可以賣了。一隻豬通常可以賣一千兩百元台幣，賣掉之後，修女們的餐桌上才能出現一些豬肉。

有次，鄰居想送五隻剛出生的小豬來答謝修女，但牠們太小了，關在豬圈會被大肥豬壓死。華淑芳自告奮勇，說自己可以照顧小豬。

她把小豬裝在硬紙箱裡，養在洗澡間內，再裝上一盞電燈，並用毯子幫牠們保暖，好度過這個冬天。小豬每隔一段時間就必須吃東西，因此，晚上華淑芳把鬧鐘設在凌晨一點，鬧鐘一響就去餵食，早晨醒來，又立刻跑去看牠們是否安然無恙。幾天後，李美納總會長從台北回來，決定自己來照顧小豬，但那晚她睡過頭了，沒發現電燈燒掉，小豬幾乎全都凍死了。李美納和華淑芳都感到很難過。

聖誕節後兩個星期，華淑芳接到家人從美國寄來的包裹，裡頭有牛奶巧克力、餅乾、堅果和爆米花等。修女們從未吃過爆米花，於是蜂擁到廚房，想嘗一嘗這新奇的美國食物。吃過後，她們瘋狂愛上了爆米花。「我們何不自己來種玉米？」華淑芳心想。

華淑芳拿了一把玉米粒，到菜園裡種了好幾畦，兩星期後，玉米發芽，她滿心期待自製爆米花。但是，好不容易當玉米長得更高時，嫩芽卻被鴨子吃個精光光。繼小豬事件後，華淑芳再次心碎。

三十六、建院基金從天降下

從自然環境來說，梅山無疑是修會會院落腳的好地方。到處都是竹林的綠意，點綴著百合花的白以及聖誕紅的紅；風吹過，薄薄的竹葉發出聲響，有如催眠曲般帶來心靈的寧靜，這份靜謐很適合默想。

然而，從現實層面來說，梅山有很多缺點。地理位置幾乎被孤立，往來不便，修女們沒有自己的交通工具，除了走路，只能依靠公車，但是鄉下的公車經常誤點，華淑芳和修女們要花許多時間在交通上，才能到附近村鎮的堂區或診所工作。此外，總會院太小、太擁擠了，沒有適合的空間建立真正的初學院。颱風和下雨也讓會院的房子岌岌可危。

高中畢業的女孩鮮少對中華聖母會感興趣，所以，修會必須栽培國中、國小的女孩，然後才開始聖召的培育。教育是修會變得蓬勃、有活力的關鍵要素，但梅山並沒有適合望會生接受進一步教育的學校。

蓋一座新的總會院，大約需要三萬美元，而修女們手邊只有四千美元。國兆隆神父發表文章的迴響與聖誕節通訊的捐款，對蓋新總會院需要的資金來說，就像水桶裡的一滴水。修女們想向美國的主教們請求幫助，不過，這個想法轉換成給主教們的「復活節通訊」，由華淑芳草起內文，仕牛主教批准後，其他修女複寫，寄出約兩百二十五封信，希望在復活節前送抵美國主教們的手中。

復活節後，開始有回信陸續寄到梅山，每封信附上不等金額的支票捐款，最多竟有五百美元。

這時，修會接到景縣教區凌安瀾主教的來信，建議修女們與波士頓的理查·庫辛樞機主教（Richard Cardinal Cushing）聯繫，讓他知道修會的貧困，以及重建總會院的需要。李美納總會長請華淑芳寫這封信，但她有點猶豫，因為庫辛樞機主教當時正為台北輔仁大學的復校募款。庫辛樞機主教回信表示，由於同時進行許多募款，很抱歉無法幫助她們。一星期後，庫辛樞機主教又寄來一封信說，現在雖未能幫忙，但想請在美國的張立諾修女到波士頓一趟，討論未來他能提供的幫助。

華淑芳看信後開心得大喊：「哇！大家快聽！」她的聲音響徹會院。原本應該等到散步時間再跟修女們分享這好消息，但她實在忍不住。修女們紛紛從門內探頭，很快地，大家在院子圍成一個大圈，興奮地談著庫新樞機主教的來信。雖然她們看不懂英文，無法自己讀信，但沒關係，至少能碰碰它。彷彿天主親自回覆了修女們的祈禱，以及不計其數的九日敬禮，喜悅的淚水在她們眼中打轉。

華淑芳立刻寫信給在美國讀書的張立諾修女。張立諾到波士頓見了庫辛樞機主教後，用航空信件告訴她們，庫辛樞機主教將盡力向朋友籌募一萬八千美元。這消息，讓修女們的喜悅躍上了天空。

一九六〇年四月時，中華聖母會建總會院的基金沒有半毛錢，一年之後的現在，美國的平信徒、主教、神父和修女們已募得近一萬美元的基金，寄給主教們的「復活節通訊」，回信也還在陸續返抵中。這些發展，令修女們難以置信。

庫辛樞機主教陸續寄來兩張支票，各一萬美元，修女們簡直不敢相信。「我們將有一座新的總會院了！」華淑芳說。

從十四年前，修女們離開山東開始逃難，她們不斷祈禱九日敬禮，希望擁有一座永久的總會院，讓修會再次發展、成長。彷彿是天父聆聽了她們的祈禱，現在竟然成功募得了三萬美元的建院基金，「像是一個奇蹟，也像是天主從天降下，站在我們所有人面前，」華淑芳說。

三十七、唯一的擴音器

雖然曾經絕望，但總有奇蹟帶領修會走出泥淖——修女們這樣認為。面對接踵而至的困難時，雖然常覺得無力，但修女們不曾捶胸頓足或憂鬱、自暴自棄，相反地，她們昂頭挺胸，勤奮地繼續每天的日常工作。這是十分堅定的信念，她們心中清楚知道天主不會忘記她們，如果天主願意，在適當的時間，祂會回答她們。

「中國人安靜地接受不幸，並英勇地奮鬥，然後往前走。他們在情況緊張時會說『慢慢來』，意思是不要煩惱，先做好眼前的事；慢慢來，事情總會好轉，」華淑芳說，「所有的修女都有這個哲學，她們心裡知道，有一天，天主的上智會照顧她們的需要。」

華淑芳從修女們身上學到了「慢慢來」哲學，但最大的功課是信德。

一九五九年十一月，華淑芳剛抵達梅山時，修會只有十四位修女和兩位初學生。而兩年後的現在，一九六一年，中華聖母會已經有三十位發願修女，十九位初學生、保守生和望會生，新加入中華聖母會的女孩都來自台灣中部。

這段時期，中華聖母會最迫切需要的，是興建新總會院的資金。華淑芳說：「我成了中華聖母會唯一的擴音器，」而其他的修女提供動力，因為她們有決心並且深信天主的慈悲。華淑芳成了一位溝通者，一位寫信的橋梁，串起中華聖母會和西方的往來。

有兩位美國恩人，讓華淑芳一再提起。

一位是芝加哥的沃爾（Edward P. Wall）女士，她是國兆隆神父服務於芝加哥聖加尼修聖堂（St. Canisius）時的堂區教友。一九六〇年，國兆隆神父寫了篇文章給《丹佛通訊》，沃爾看了報導後，開始每個月募款、購買藥品和必需品，寄到梅山給中華聖母會。一九六四年至一九六五年，華淑芳和展蘭芳修女到美國為興建醫院募款時，沃爾也提供了寶貴的幫助，成了她們在美國中西部最重要的堡壘。

另一位恩人是安德森（Harold Anderson）先生，他是華盛頓州西雅圖一家公司的董事長，也是讀了國兆隆神父文章後捐款的眾人之一。後來，他又寄來一張支票，並寫信詢問修女們是否有收到。華淑芳藉回信的機會，向安德森表明修會的困境。

「每當有人寄來捐款時，我們都很振奮，」華淑芳寫道，「因為對本地國籍修會來說，生存下去是十分困難的。本地的傳教工作建立在愛德的基礎，需要金錢開創，但本地教會的經濟並不富裕，因此需要西方的捐助。」

不久，華淑芳收到安德森的回信：「有什麼事我能做嗎？」安德森後來成了中華聖母會的藥品供應及募款管道。

現在回頭看，來到梅山的一年半，在如此短的時間內發生這麼多好事，讓華淑芳感到驚奇。修女們經常發自內心地談及天主豐富的降福，有次一位修女說：「我們真的值得天主為我們如此做嗎？我們如何開始向天主和祂的人們，表達感恩之情呢？」

三十八、設立醫療站

一九六一年十一月，華淑芳第二年的初學生活即將開始，這意味著她要研讀中華聖母會的靈修精神與修會會規。在發初願之前，每位初學生必須了解每條會規及會規所涉及的一切。由於華淑芳在馬偕大學時曾輔修神學，所以現在她只需上幾堂神學課。

這時，華淑芳的國語已經算是流利，她開始學習台語。梅山附近的老人只會說台語，為了日後返回診所工作方便，學台語是必須的功課。而鐘德萊修女將是華淑芳的醫療助手，她們一起研讀從美國帶來的醫療書籍，準備一同服務

華淑芳（上右一、下右二）和修女們每週會固定抽出時間，提著自製的醫療箱，到雲嘉南鄉間、山區及漁村巡診。

病人。

利用這段一起研讀的時間，華淑芳將在梅山做醫療工作時記錄下來的常見疾病知識，解釋給鐘德萊聽。她學得很快，成為華淑芳的得力助手。同時，華淑芳也學習藥品、藥量及使用方法的中文，並將這些資料傳授給將負責藥房的鐘德萊。

華淑芳（左二）與修女們秉持著「哪裡有需要，就往哪裡去」的理念，不畏辛苦，四處奔波。

終於，華淑芳結束了兩年的初學。

為了方便外出使用，她們製作了兩個大的、兩個小的攜帶式醫療木箱，木箱內準備了消毒用的酒精、水、維他命膠囊；固體及液體的抗生素，以便注射或口服；給營養不良的嬰兒或小孩喝的奶粉；痢疾藥、退燒藥，血壓計及看診紀錄簿等。裝好各項用品後，大箱子重約二十二公斤，小箱子重十一公斤。擴大醫療範圍後，華淑芳預估每星期將有三百位病人。「我們真的已經張開雙翼，並且在天上翱翔了，」她說。

修女們看診的名聲已傳開，大家爭相希望她們前去，最後她們以距梅山四十五公里內為範圍，在大林、斗六、溪口、樹仔腳和新港等地設立醫療站。但是，她們很少能直接抵達目的地，因為交通實在太不方便了，至少要轉搭兩趟公車，去新港等地看診更需要轉乘三趟。

華淑芳的一天通常這樣開始：清晨四點四十五分，起床鐘聲響起，她們整理床鋪、收拾房間後，參加彌撒，默想，誦讀日課，接著吃早餐。如果要到梅山以外的鄉鎮出診，六點半就得出發；因為要趕公車，她們經常無法吃早餐便匆匆出門，下坡走過三個街口到梅山公車站等車，直到晚上接近九點，睡覺鈴響起，她們才結束一天的工作。若當天不必去醫療站工作，她們就花兩、三個小時整理醫療箱，補充好下次出門看診需要的藥品。

三十九、公車遊戲

不到六點五十分，公車站已經擠滿了人。大部分乘客是頭戴斗笠的農夫，男女都有，他們帶著鋤頭、耙子和鐮子，挑根扁擔，準備到鄉下開始一天的工作，有時扁擔上還有鴨子、鵝或雞。「人人紛嚷、咆哮、推擠、頂人，」華淑芳這樣形容上公車的情形。她和鐘德萊修女立刻加入了這場「公車遊戲」，雖然她們身上還背著十幾、二十公斤的醫療藥箱。

大家爭先恐後上車，接著是座位爭奪戰，比賽誰的動作敏捷，「公車遊戲」變得更粗魯。「我認為，世界上沒有誰的動作比台灣農夫更敏捷，」華淑芳說。即使身上帶著笨重的工具或擔著雞，他們仍能想方設法蠕動身體，在婦女之前坐上座位。人塞得滿滿的，有時車門甚至無法關上。

公車搖搖晃晃往前開了又停，乘客們前仆後仰，擠成一團、撞得東倒西歪，大家努力探出窗外呼吸一口新鮮空氣，因為車廂內滿是難聞的氣味。

從梅山前往新港，要經過三段路程。先是行經一條新建的平坦碎石路，彎彎曲曲通到三十二公里外的大林。接下來，前往一處華淑芳怎麼樣也記不起名字的小鎮，小鎮距離大林八公里遠，到達小鎮的這條路塵土飛揚、顛簸難行，或許心理學家會說，華淑芳記不起小鎮名字，是因為她內心完全不能接受這個地方。

公車擁擠不堪，常常突然猛烈震動或彈起跌落，有時整條路都是傾斜的——不曉得是路面傾斜，還是公車的緣故。「我這嬌氣的美國人，搭這段車到這記不住名字的小鎮，總是頭痛欲裂，」華淑芳說。鐘德萊正好相反，她從不抱怨。

抵達小鎮後，她們還得背著醫療箱走過三個街口，才可抵達另一處公車站。搭上前往新港的第三段路程，而在車內她們又得經過一番交戰，通常沒位子坐，得一路站到八公里外的新港。唯一的好事是，這是一條平坦的碎石路。

當華淑芳和鐘德萊終於抵達新港時，已經汗流浹背、十分疲累，衣裝也沒有一處平整，但她們仍得再走兩條街才能到達診所。

四十、營養不良和寄生蟲感染

早上八點前，已經有一群病患在診所前等待。往往當華淑芳打開診所的門時，已有超過五十人排隊，還有很多人在前來的途中。老人、婦女、十幾歲的青少年、抱著一個又背著一個小孩的年輕媽媽……，每個人都推擠、嚷著要第一個進入診所。這完全是「公車遊戲」的翻版，唯一不同的是，華淑芳和鐘修女可以訂規則。

華淑芳想到一個好點子，她印製號碼條，發給排隊看診的民眾，依照號碼順序排隊，混亂果然立刻消失。但是，這方法沒過多久便失去作用，不只是因為部分病患不遵守「先來先看」的規則，甚至有些人設法把號碼條帶回家，也經常發生小孩在等待看病時，或咬或玩，造成紙條毀損。更換新號碼條需要花時間與金錢，這兩者，華淑芳都沒有。

來求診的患者大多罹患嘉義地區常見的病症，如營養不良、寄生蟲感染、肺結核、腹瀉、關節炎、甲狀腺腫、砂眼和潰瘍等，其中營養不良和寄生蟲感染是最常見的，幾乎各占了近一半的人數。

在華淑芳還未到台灣時，就已聽說中國人喜歡稻米勝過其他食物，這就是為何台灣人總是營養不良的原因。但造成營養不良的原因，並不是偏好稻米，而是人們普遍買不起其他食物。

她認為，台灣人不是不喜歡吃豬肉和魚，只是他們常常買不起，更遑論牛肉，那是在台北或其他主要城市的飯店裡才看得見。台灣無法提供牧養牛所需要的廣大土地，因此牛肉全仰賴進口。此外，農人家庭普遍是不吃牛的，因為牛幫人們耕作。所以，台灣人唯一能買到最便宜的食物，便是稻米了。「經濟原因和根深柢固的習慣，造成營養不良，」華淑芳說。

嘉義號稱台灣的穀倉之一，但水患頻仍，造成農民經濟損失。華淑芳到嘉義的短短幾年間，便已遭逢多次洪水。一九五九年八月七日的「八七水災」，一夕之間沖毀數以萬計的稻田、果樹等。

每次水災過後，田裡堆積許多山上沖下來的礫石，農人即使出動全家清除，連續幾天也清理不完。但是，他們沒時間怨天尤人，他們得加倍辛勤工作，準備種子，整理田地，把握時間盡快播種新的作物。因為這些農作物是他們主要的經濟收入。

「正常的男性血紅素值應該達百分之九十六，女性則是百分之八十六，但當我們在新港或其他務農為主的社區為當地人測量血紅素時，通常他們只有百分之三十到四十，」若這些農夫或鎮民只是單純的營養不良，華淑芳便給他們維他命和鐵補充營養。「我不敢說，每個月給出的數以千計的維他命膠囊救了多少性命，但我們確實看見他們的健康獲得改善，」她說。

另一個健康的大問題，是寄生蟲。常見的寄生蟲有鉤蟲、線蟲、蟯蟲等。當時鉤蟲的感染，在新港和嘉義縣市附近農村很常見。農人們赤腳在水稻田裡工作，鉤蟲刺穿腳底進入血管，然後到達肺部及支氣管，當患者咳嗽時，蟲卵進入胃部，最後進到腸子開始吸血，最後造成腸道及營養吸收的問題。「因鉤蟲感染造成的肺炎並不常見，我們只治療過幾個例子，」華淑芳說。

蟯蟲也很常見，牠們像野火般蔓延。當一個家庭的父母感染，與他們同睡一張床的小孩也容易感染——蟯蟲由感染者的直腸爬出，然後進入睡在一旁的家人，常常一個晚上就使全家人都感染了。

而蠕蟲及線蟲的感染，主要來自蔬菜。夜壺裡盛裝的尿液，是農夫施肥的主要肥料，也是寄生蟲孳生的溫床，當農夫把這些肥料澆灌在作物上時，蟲卵隨之遍布在蔬菜上，一旦蔬菜未完全煮熟，蟲卵便會跟著下肚。一位女病患曾告訴華淑芳：「蔬菜不能煮熟，才能保住更多維他命。」顯見許多人因此而染上寄生蟲病。

四十一、中風的老婦人領洗

新港診所的病患很多，平均一天大約八十位，華淑芳跟鐘德萊時常連好好吃個午餐的時間都沒有。

當地有位林太太為她們準備午餐，便勸她們：「這些病症在新港已經很多年了，生活條件沒改善，未來還是會有很多病患。多一點用餐時間沒有影響。」或許這就是從修女們身上學到的「慢慢來」的哲學，但華淑芳說：「我們想要看每一個病患，」她解釋，「沒看完就讓他們回家，對他們不公平。」

每當華淑芳關上診所的門，趕搭晚上七點的公車回梅山時，總還是有些病患拖著她，央求她看完再走。只是，華淑芳和鐘德萊必須遵守修會的會規，在晚上九點前回到會院。

下午，她們很快地吃完林太太準備的午餐後，得再花一個小時去無法到診所就診的病人家裡（那些病人通常罹患心臟病或中風，長期臥床不起）。當時所有的診所都是這樣做的。當華淑芳下午準備離開診所時，等候在診所門外的人大喊：「不要離開我們，你不可以走！」華淑芳向他們保證：「我們一個小時後回來，」即便華淑芳這麼說了，但他們仍然央求修女留下。人們的請求聲讓人心碎，但拜訪臥病在床的病人也是必須的。

一位曾經到診所看診的老婦人，是位高血壓患者。有一次，林太太告訴華淑芳，這位老婦人因為停止吃藥而中風了，一位醫師要她臥床休養。這是華淑芳在新港最早的家庭訪視病患之一。老婦人臥床三星期之久，「臥床這麼長的時間是錯誤的，這導致中風患者很難復原。一般而言，通常是臥床一星期左右就可以了，」華淑芳說。經過治療後，這位老婦人恢復了行走的能力，但是她的右手永遠癱瘓了。

「您們看來總是快快樂樂，並且帶著微笑，」接近聖誕節時，這位老婦人向華淑芳說。「你要我們戴上魔鬼的面孔嗎？」鐘德萊開玩笑道。老婦人接著正經地說：「您們從來沒向我收錢，為什麼？」「你要付給我們嗎？」「如果有我一定給。」

「我們知道，這就是我們沒跟你收錢的原因，」華淑芳對老婦人說。她們的醫藥費依病患的能力而定，華淑芳為這位老婦人免費治療，一如對待其他窮困的人。如果病患有能力付錢，通常一次看診的收費是十元，出門看診則收取多一些。富裕病患的收費則更高，二十元或二十五元。「我們的診所絕不從事營利事業，」華淑芳說。

老婦人安靜地看著修女們，一會兒之後，她問：「您們幫我好起來，其他的人對我不聞不問。您們做的事跟您們的宗教有關嗎？」鐘德萊和華淑芳試著在基督宗教的背景下向老婦人解釋慈善的概念。老婦人十分感興趣，最後問她要如何才能成為天主教徒。

「我們在醫療工作中為基督做了見證，」華淑芳將這件事告訴新港的本堂神父，其後，本堂神父為老婦人安排道理課，最後她領洗了。這天，她告訴所有人，天主讓她能再次走路。

四十二、治病與信教

老婦人的康復，讓她的兒子和媳婦留下深刻的印象。有一天，老婦人轉達她兒子的願望，希望華淑芳也能去看他。她兒子患有腎炎、膀胱感染、椎間盤滑脫和嚴重缺乏維他命B12，病情嚴重。他曾經是位工人，因為一次背部受傷，無法再做粗重的工作，後來他靠著一部手拉車販賣冰淇淋，但如今只能臥病在床。

「如果你能幫助我，我會像我媽媽一樣成為天主教徒，」他在華淑芳和鐘德萊第一次拜訪的時候說，「甚至，我們全家都將成為天主教徒。」

對於他的承諾，華淑芳不置一詞，也沒有表示贊成的意思。他的太太接著說：「我們很窮，我的先生不能工作，如果你能治好他，我們會成為天主教徒，」華淑芳仍不願談及信仰，鐘德萊也沒給任何回應。她們要的不是「飯碗」基督徒。

「我們的首要工作是治病，如果我們的治療和他的痊癒讓他願意歸向天主，我們將通知神父，」華淑芳說，「只有病人主動要求時，我們才做。」

後來，這位病人的健康改善，能開始工作了，此時他請求改信天主教，於是華淑芳便把他介紹給神父。幾個星期後，華淑芳聽說他改變想法了。「這並非不尋常的情況。我之前曾見過也聽說過，之後也可能會發生在其他病患身上，」華淑芳說，「如果一位傳教士渴望從某方面得到感謝或回報，那麼他最好待在家裡。有些人真的感謝傳教士為他們做的一切，但有許多人完全不明白。」

在某些方面，傳教士的工作類似「牙齒很痛的人」的故事。

牙痛的人打電話給牙醫，希望立刻安排看診，但他前往診所途中，牙齒突然不痛了，便決定去看部電影。幾星期後，兩個人在街上相遇，牙醫問：「我很好奇，你的牙齒怎麼了？」

「很好啊，牙痛消失了。」

「你最好還是來診所做預防檢查。」

「醫師，我已經說了我很好。所以不要煩我，如果有需要，我會打電話給你。」

「確實有許多人需要我們，」華淑芳說，「就算我們每星期工作七天，每天工作二十四小時，仍然有看不完的病人。我們盡可能把所有時間都挪來看診，通常一星期三天，其中包含搭車及轉車所耗費的十五個小時。」

幾個月後，華淑芳開始感到疲累，這是難以忍受的潮溼酷熱及背負過重的醫療箱長途擠巴士所造成。

四十三、看診的交通問題

交通無疑是華淑芳最頭痛的問題——她們只有三種交通方式，不是走路，就是搭公車或騎腳踏車。當背著沉重的醫藥箱時，走路變得十分困難；搭乘公車和騎腳踏車也有許多限制。她們到達診療所後，需要再前往許多病患家中，山區許多偏僻的地方根本沒有公車能夠到達，凹凸不平的小徑或太陡峭的地方，腳踏車根本無法騎行，走路反而還更實際些。經過一段時間後，華淑芳已經能判斷她要去的鄉下，是適合走路還是騎腳踏車。即使如此，仍舊無法保證一趟安全無虞的山區任務。

華淑芳曾發生過一次最慘、最可怕的意外。某天下午，她們接到通知，一位母親生完小孩後中風了。這位病患的家距離梅山會院八公里，沿途盡是彎彎曲曲的坡路。一般情況下，走路比較適合，但走路需要耗費兩小時，而騎腳踏車只需要半小時。由於這位病人的病情嚴重，華淑芳決定騎腳踏車趕往。華淑芳和展蘭芳修女將醫療箱掛在腳踏車把手上後，隨即出發。

腳踏車沒有變速裝置，下坡時她們不斷煞車，避免速度過快，遇到上坡則

必須牽著腳踏車走。

途中，經過一處有許多急彎的山坡，在最後一個彎道時，華淑芳發現腳踏車的剎車失靈了，這時距路底還有約九十公尺。「腳踏車感覺像用噴射機的速度在推動，」她形容。腳踏車飛快地衝向前方的髮夾彎，髮夾彎外是條溪，左邊則是直通山腳下的斷崖。眼前，只有陡峭的下坡路、一條溪和沒有煞車的腳踏車，華淑芳嚇得大喊：「天啊！」

華淑芳（左一）與修會姐妹常以徒步方式用擔架把病患運下山治療。

華淑芳摔倒了。展蘭芳趕上後把車停好，她臉色蒼白地問華淑芳：「你還好嗎？」

一切發生得太突然，華淑芳還沒回過神來，只感覺身體疼痛，胃開始翻攪，甚至由於過度緊張而全身顫抖。她試著移動手腳和身體，奇怪的是，全身並沒有骨折的地方，幸運地只是有些瘀青；醫療箱跟腳踏車也沒有損壞。華淑芳起身後拍拍衣服，展蘭芳用酒精幫她消毒身上擦傷的地方，之後便繼續往那位中風的母親家前進。

「我們必須解決交通問題，」在回會院的路上，華淑芳告訴展蘭芳。「但我們能怎麼做呢？這是一個大問號，」兩個人心裡都沒有明確的答案。

四十四、如果有錢買一部車

一場突然其來的大水，讓交通問題有了解決的契機。

當時，華淑芳在辦公室打字，沒注意到外頭下起暴雨。突然間，她感覺雙腳被浸溼，接著幾分鐘內便水深及膝。會院淹水了，籃球、燈泡、嬰兒椅等物品漂浮在院子裡，飛蟲、蟑螂及蛇在水裡掙扎，大水順著斜坡從菜園後方灌入，流過會院內部，再往前門流出。雖然牆壁有排水孔，但洪水以驚人的速度暴漲，排水孔根本沒有作用，若不讓水盡快排出，壓力和重量可能會沖倒牆壁。

華淑芳趕緊跑到工具間，用力扯開鎖後，拿起大槌子，涉水走過院子，大力敲擊磚牆。四周都是可怕的蟑螂，但華淑芳視若無睹。最後，牆壁開了一個洞，水壓讓洞變得更大，她愣愣地看著洪水快速流出。雨終於停了，華淑芳放鬆下來深呼吸，修女們忙著搶救家當，有些到聖堂拯救書籍及聖物，有的則到廚房搬米袋，或是到雞舍解救小雞。

突如其來的大水很快退去，修女們卻花了好幾天整理滿地的泥濘。在整理的過程中，華淑芳看到一些舊雜誌，其中有張福斯旅行車的照片，突然一個想望像一道光閃過腦海，「這就是我們交通問題的解答，」華淑芳心裡想。這輛車同時可做為三種用途：移動診所、救護車及到診療站或其他任務時的交通工具。修女們曾不經意地聊起，如果蓋新總會院後仍有剩餘的費用，應該買一部車。「福斯旅行車是完美的選擇——如果我們有錢的話，」華淑芳盤算著。

修院持續收到一些捐款，建院基金已超過三萬美元。然而，每過一個農曆新年，物價就上漲一次。一九六二年一月，建商告訴修女們一個令人傷心的消息：由於物價上漲，建造新總會院所需的錢要從原先預估的三萬美元提高到三萬五千美元。這表示建院基金將用到一文不剩，修會不可能有錢買車。很遺憾地，華淑芳再次夢碎。

四十五、摩托車大夫

交通工具的夢碎，讓華淑芳和修女們只能維持現狀，使用雙腳、腳踏車或搭公車。「一定有方法獲得四輪交通工具，」華淑芳開始動腦，思考如何得到這筆錢。她寫信給在美國的張立諾修女，請她在走訪紐約天主教海外傳教醫療會確認藥品的旅程中，留意有無個人或機構能捐贈一部救護車或購買救護車的經費。華淑芳在信中沒提及旅行車，因為那聽起來太豪華，能有一部救護車就很好了。

即使如此，華淑芳還是中意福斯旅行車，除了它底盤較高，非常適合鄉下凹凸不平的道路之外，另一個原因則是它較省油。華淑芳寫信詢問她的哥哥比爾一部二手福斯旅行車的價格，得到的回覆是大約一千五百美元。華淑芳立刻把價格告訴張立諾修女，讓她募款時心裡有個底。這時，剛好有人捐給慈善機構一千五百美元，註明為海外傳教救護車。中華聖母會是傳教修會，張立諾修女表達修會的需要，順利獲得了這筆捐款。

很快地，中華聖母會收到這筆捐款。天主教福利會台北辦事處表示，車子抵達台灣時將由他們運送到嘉義，並協助和政府溝通，希望能免稅。比爾找到了一輛一千五百美元的二手福斯旅行車，中華聖母會經過一番周折才成功將支票轉給比爾，他也安排透過海軍的運輸管道免費運送，但車子從美國抵達台灣還需幾個月的時間。這時，中華聖母會有了一部摩托車。

摩托車是梅山天主堂本堂孫繼善神父贈送的。每當華淑芳準備外出到醫療站時，眼光總不禁望向停在神父住處外的摩托車，她想像摩托車載著沉重的醫療箱，發動後，便噗噗自動往前跑的情景，再也不需要走路，不需要吃力地騎腳踏車在山路上下坡，也不需要像沙丁魚一樣擠在公車裡。華淑芳甚至曾在工作一整天之後，在腰痠背痛的夜裡夢見孫神父的摩托車。

一九六二年九月，修女們搬到嘉義芳草里新總會院，不久，孫神父買了新摩托車，把舊摩托車送給中華聖母會。對於華淑芳這樣慣於騎腳踏車的人來說，騎摩托車一點也不是問題，但老摩托車雖然很容易騎，卻難以發動，往往華淑芳踩到快筋疲力竭，車子還是不動如山，更慘的是摩托車會漏油。華淑芳不敢騎這輛摩托車到太遠的地方，除非遇到緊急狀況，因為她沒把握能否再發動，也不知道何時油會耗盡。

華淑芳第一次騎這輛摩托車出門時，聽到車子發出奇怪的聲音，她趕緊停下察看，發現衣服在鍊子和齒輪間被拉扯得一蹋糊塗。華淑芳人還在車上，衣服纏著使她無法下車，騎也不是，停也不是。唯一能解決這困境的方式，是有人幫忙扶著車子，讓華淑芳離開座椅，再鬆開被捲入的衣服。很多人在一旁圍觀，最後，一位老先生往前踏出一步，伸出援手。

幾個月後，一位朋友對華淑芳說：「修女，你有注意到街上最近有些不尋常的事嗎？」

「沒有啊，怎麼了嗎？」

「街上有好多婦女騎摩托車。」

「這有什麼好不尋常呢？」

「不久前還是只有男人騎摩托車，婦女們或年輕女孩在後面側坐，」朋友回答，「這些婦女一定是想，如果修女可以騎摩托車，那她們也可以。」

華淑芳開玩笑地回應：「我從未想過自己能影響根深柢固的古老文化。」

於是，華淑芳被冠上新的綽號「摩托車大夫」，也就是摩托車醫師。

四十六、新總會院落成

一九六二年九月，中華聖母會搬進了新的總會院。修女們還置身在不可言喻的驚奇當中，不敢相信這件事情真的發生了，大夥兒終於有了一個永久棲身的家——一棟淺灰、磚石建造的兩層樓房。

對於十五年前從山東逃離過來的修女們來說，這種興奮之情更為強烈，她們用手指觸摸著門簷，在木頭上來回輕敲，充滿了喜悅之情。她們小心翼翼地踏在磨石地上，慢慢的用鞋跟輕輕踩過，最後再敲敲這棟房子的每個地方，確定她們不是在幻境中，而是站在一個真真實實屬於她們的地方！

在梅山才加入修會的新成員，雖然同樣充滿驚喜，但可能無法完全體會到那些老修女們心中的震撼。等待她們的是眼前堆積如山的工作，好把新家安定下來：整理房間，用有限的家具布置客房，把鍋碗瓢盆、米糧歸位，掛上照片、十字架，以及其他搬家必有的種種雜事。然而，她們已經等不及先參觀附近的環境。

還未整理的院子，有一面一．八公尺高的磚牆。「我們打開面向芳草路的大

中華聖母會在嘉義市芳草里的新會院，
讓修女們有了一個永久棲身的家。

鐵門，芳草里——這是我們的地址，多麼美的名字！」華淑芳說，「總有一天這裡會變成芳草連天樹成蔭般美好的地方。」

目前這裡還沒有綠草，只有一條沿溪的泥土路，附近居民都到溪邊洗衣服。至於芳香的部分，則是來自附近肥料工廠的味道。另一個方向有一片大約兩百四十二坪的大空地，不久之後左邊將會蓋一所中學。將來每天早上都能聽到樂隊演奏，以及學生們唱國歌的聲音。

似乎很難想像，不到九個月的時間，一棟美麗的建築拔地而起。會院裡有近三十坪的空地，修女們想著哪裡可以闢成菜園，另外四分之一的地種蕃薯，準備以後拿來餵豬；要蓋個雞圈養兩百五十隻下蛋的母雞。這個菜園和雞、豬可以提供修女們食物，還可以賣錢。此時後門傳來喇叭聲，當門打開，一部卡車已經載來了修女們從前養在梅山的五十隻雞。

在搬入新會院三個月後，修女們養的雞幾乎全部病死，倖存的兩隻雞又被偷走。這兩隻雞，本來是李美納預計在搬到嘉義後第一個聖誕節時拿來慶祝的。而這並不是唯一讓修女們傷心的事。

她們特別訂購的床，因為木材不夠乾燥，接縫不牢靠，於是開始解體，幾乎每晚都有修女在睡夢中掉到地上。她們不敢再睡床上，在木工來把床再次固定好之前，只得睡榻榻米。另外，燒木材的熱水器設計也有問題，每天洗澡的熱水都不敷使用。

四十七、護士瑪麗安來台

兩年前，中華聖母會計劃蓋新總會院時，她們想過或許能在診所旁再蓋一個小醫院，只要十個床位就好。當時完善的醫院不多，而且都要收費，只有在特殊情況下才能給重病患者免費治療。很多時候，病人因為沒有錢或床位不夠而無法住院，有些人因此過世了。華淑芳還記得，那個得了肺結核的婦女，如果能住進醫院，便可獲得合適的治療，然而她只能躺在家裡自生自滅，年僅三十二歲就過世，留下了四個小孩。

另一個家庭，則是帶了早產的三胞胎嬰兒來找修女們幫忙。嬰兒營養不良、腹脹，需要醫院照顧，而修女們的經濟狀況卻無法給予及時的救助，只能眼睜睜看著三胞胎逐漸逝去。「真是一件很痛心的事，」華淑芳說。

還有更多的病人，如果能在醫院受到良好的照顧，或許幾個星期內就會痊癒，但他們只能在家裡等待好幾個月才能復原，甚至因此惡化。

華淑芳不是修會裡唯一盼望有間醫院的人。好幾位從中國過來的修女曾經在醫院工作、受過訓練，但在這裡，因為資源不足而無法幫助更多人，她們也感到相當難過。

「不管我們能做多少，每個人都有同樣想法，那就是：我們可以做更多，」華淑芳說。籌款興建總會院的成功經驗，讓她們覺得應該可以籌建醫院。於是，華淑芳向李美納總會長和展蘭芳修女提出建議：「首先，我們可以有一個活動診所和救護車，接著在嘉義蓋一間有十個床位的醫院。初步的計畫大約需要五千美元，」雖然興建新總會院所需資金比原先預期的多，但華淑芳有信心再次籌到經費，同時，她開始尋找在美國受過訓練的護士。

透過關係，華淑芳認識了來自愛荷華州的瑪麗安（Maryann），她願意來台做幾年傳教工作。她們開始通信。一九六二年十一月初，瑪麗安抵達台灣，這時候華淑芳正好在初學院避靜，準備發初願。李美納特別准許華淑芳和展蘭芳一同去基隆接人。

「我們遲到了，但我一眼看到那個高大紅髮的美國女孩，就知道那是瑪麗安，」華淑芳回憶。她問瑪麗安，「你大概以為我們不會來了吧？」她也回答：「你們去了哪裡？」華淑芳了解瑪麗安的感受，因為三年前她也站在同樣的碼頭，在一群說著陌生語言的人當中等候。

瑪麗安很快適應了新環境，她馬上開始學習中文，展蘭芳是她的老師。華淑芳在十二月八號發初願之前，都不能離開初學院，診所於是停了兩個月，瑪麗安因此尚無醫療工作需要幫忙。

其他修女趁這段時間，帶瑪麗安到嘉義各地走走。有一次，她們在市區碰到了一位老太太，老太太停下來盯著瑪麗安的鼻子看。瑪麗安覺得莫名其妙，有點無所適從，便生氣地問：「你在看什麼？」老太太當然聽不懂，只嘀咕了幾句瑪麗安聽不懂的話。修女們告訴瑪麗安：「老太太問，你的鼻子是真的嗎？」瑪莉安一聽，笑了出來。老婦人又說：「我可以摸一下嗎？」她把手指放在瑪麗安的鼻子上，摸來摸去，說：「這是真的！」然後就搖頭離開了。

四十八、華淑芳成為瑪麗・保祿修女

一九六二年十二月八日終於到來。

這天是華淑芳結束初學，發初願的大日子——願意貧窮、貞潔、服從。她緊張得全身僵硬，不是因為要進一步奉獻自己成為中華聖母女修會修女，而是擔心能否在儀式裡把中文講對。中文讓西方人始終無法搞懂的其中一個原因是，不同的聲調，意思就完全不一樣，例如「tang」可以是湯或糖。很幸運地，過程很平順，華淑芳正式成為瑪麗・保祿修女。「這是我最快樂、最滿足的一天，心情好像飛上天空翺翔，」華淑芳修女說。

華淑芳成為修女後，立刻重回工作崗位。雖然因為缺乏資金，興建小醫院的計畫擱置，但她們還是決定成立一間每星期開放三天的診所。修會在市區擁有一間小小的一層樓建築，以前是其他修會修女的眼科診所——啟明診療所，後來因為她們搬到別的城市而關閉。

診所所在的街道有很多小商店，五金行、照相器材行、珠寶店、美容院、理髮店，以及俱樂部、唱片行和小餐館，還有一些賣飯、麵跟蕃薯的小攤販。

正式成為修女的那刻，華淑芳（左二）的內心就像飛上天空翱翔那樣快樂。

這條街從早到晚都人潮洶湧，行人、腳踏車、摩托車、計程車穿梭在這僅六公尺寬的路上，兩邊的小水溝還以木板遮蓋，避免行人不小心跌落。

啟明診療所的空間不到五坪，雖然不大，但處於市中心，相當方便。「中華聖母會可以在這裡，繼續進行使徒使命，為基督拓展我們的工作，」華淑芳說。她們把房間大概分割成候診室、診療室、藥房和實驗室，請木工幫忙釘了存放藥品和工具的櫥櫃，又花了很多天清理地板、牆壁、天花板，並漆上油漆。

診所在聖誕節後的第二天就開放了，一位王醫生願意當診所的主任和顧問。一開始，很多民眾不知道修女們在這裡開始醫療服務，病患不多，但兩個星期後她們就忙碌起來了，早上九點開門前，已經有不少人排隊，一天至少服務超過一百位病患。

在啟明診療所就診的第一批病患中，最讓華淑芳印象深刻的，是一位豬肉商。他患了嚴重的嗜睡症，每天要睡二十小時，即使客人就在攤位前，他也會站著睡著。他到診所就診時，一坐下來就睡著了，華淑芳在診間聽到很大的鼾聲，那聲音好像鋸木頭一般。出於好奇心，她暫停手邊工作，探頭看看到底是誰，發現原來是一個一百多公斤的大漢在那裡呼呼大睡。華淑芳請瑪麗安喚醒他，但無論是叫喊或搖晃，甚至是隔壁工人施工的刺耳聲響，也吵不醒他，直到拍打他的臉，他才醒了過來。

他告訴華淑芳，他從南到北已看過許多醫生，狀況都沒改善。正當他和華淑芳談話時，又突然睡著了。針對這位病患的症狀，華淑芳開始用中樞神經興奮劑和維他命B群來治療，很快就有了進展。他興奮地告訴身旁每一個人，有這樣一個「奇蹟醫生」。來診所治療大約四個月後，豬肉商已經可以非常清醒地

啟明診療所來了一位外國修女，不分貧富貴賤，視病猶親，而且還是與美國同步的用藥，吸引許多病患慕名而來。

工作一整天，晚上睡八個小時後正常醒來，恢復了該有的生活品質。能夠成功地治療他，華淑芳也覺得十分幸運。

不久後，啟明診療所跟當地醫生發生了一些問題。大部分當地醫生不介意修女們在嘉義市區開診所，因為病人實在太多了，多一間診所並不會影響生意，也認為讓病人恢復健康是最重要的事。然而，有些醫生卻不這麼認為，於是開始散播謠言，說修女們是庸醫，使用品質不好的藥物，醫死很多人，還說修女們鼓吹大家不要信佛教。

修女們認為這些謠言很無聊，也沒有多餘心力去做些什麼。在診所治好病的豬肉商把這件事情當作自己的事看待，他在報紙上買了兩欄廣告，講述自己的故事，告訴大家他如何得到修女的幫助而恢復正常的生活。這使修女們不受謠言影響，在嘉義站穩腳步。

第三卷

四十九、旅行車變救護車

雖然工作非常忙碌，華淑芳依然沒忘記她朝思暮盼的那部旅行車。她只曉得車子應該在美國加州沙加緬度（Sacramento）到台灣的路上，但並不知道此刻在何方、何時才會運到。每次背著重重的醫療箱時外出，她們就特別祈禱車子盡快到達。

一九六三年一月中的某天，華淑芳和瑪麗安前往新港診所。那

天清晨很冷，出發時她們多穿了一些衣服，但公車比平時更擁擠，天氣也突然變熱，身上衣服太厚，感覺很不舒服，醫療箱也變得特別沉重。到達診所後，病人吵來吵去嚷著要先看。

忙了一整天，直到晚上八點左右，她們拖著疲憊的身軀回到總會院，但廚師卻忘記留晚餐給她們。華淑芳累到無法再煮飯，隨便從冰箱中找出一些剩飯來填飽肚子；瑪麗安則喃喃自語地說要去洗個澡，然後睡覺。

華淑芳想先禱告，然後回幾封信。當她爬上二樓，在書桌前才剛坐下來，李美納總會長輕輕地敲了她的門。「修女，修女，」總會長臉上充滿了興奮之

情，壓低聲音說，「有一個人在樓下，他把車子送到了，」華淑芳一聽，不由自主地興奮大喊，但隨即回過神來，小聲說她馬上下樓。

華淑芳趕緊去找瑪麗安，告訴她這個好消息。瑪麗安開心地連肥皂水都沒沖乾淨，套上衣服就出來了。她們趕到後門，興奮地看著眼前的旅行車。「再也不覺得累了，」望著車子，華淑芳覺得自己就算再工作一整夜，還是可以精神抖擻。瑪麗安說：「看呀！這個寶貝，」這部旅行車因此有了「寶貝」的暱稱。

華淑芳爬上駕駛座，發動車子，聽著引擎的美好聲音，心想終於不用再搭公車了，不用再拖著重重的醫療箱了，不用再走長路，不用再騎腳踏車或摩托車了。我們終於有了一部車！

十年前，華淑芳的爸爸教她開車時，告誡她不要常常踩剎車、按喇叭，「如果你小心開車，遵守交通規則和指示，就不需要按喇叭或緊急剎車，」然而，台灣的交通狀況讓華淑芳很懷疑，如果她爸爸在台灣，還會這樣認為嗎？

第二天早上，華淑芳坐上駕駛座，開車往啟明診療所。這是她第一次駕駛「寶貝」。路上的行人好像看不見車似的，除非按喇叭警告他們——喇叭聲似乎是在行人和腳踏車中開路的唯一方法。開車上路才第一天呢，她就不得不放下爸爸教導的觀念了，因為在台灣開車，喇叭和油門、剎車、方向盤一樣重要。

修女們以前在梅山時經常要整修自己的住處，對各種工具非常熟悉，因此很快地把旅行車的內部改裝成救護車。華淑芳把座位重新裝置，留出空位放置擔架、醫療箱和人工呼吸器。在興奮中，華淑芳一時忘記佛教徒對白色的忌諱，竟請車廠把車子漆成灰色、兩邊各有一個白色大十字，然而她們的病人有九成都是佛教徒。不過，很快地，這個問題解決了，因為政府規定救護車的十字必須漆成綠色。

「寶貝」的第一次主要任務，其實和醫療無關，而是在島上發生二十七年來最大的地震時，做為修女們的臨時避難所。

五十、白河大地震

一九六四年一月十八日晚上八點四分，台灣發生「白河大地震」，這場芮氏規模六．三的大地震，震央在當時的台南縣東部，鄰近的嘉義縣首當其衝。

那天，華淑芳很晚才從診所回來，李美納總會長要她祈禱後快上樓睡覺，但她反而慢條斯理地留在聖堂裡。地震發生時，華淑芳剛站起來，隨即被震得踉蹌倒地。四周物品紛紛掉下來，電燈也熄了。有位修女在前面喊著：「牆壁好像掉下來了！」幸好打到她的只是長凳子。在完全的黑暗中，地還是不停地搖晃，華淑芳和一旁的修女試著站起來，但馬上又摔倒。

「那個時刻，我感到像是世界末日，又很驚奇自己是如此鎮靜。這是我這輩子第一次覺得如此靠近死亡，」華淑芳修女說。終於，地震停止了，大家在黑暗中摸索，慢慢向門邊靠近。當她們出來到院子，地又開始震動。

她們擔心建築物會倒塌，便跑到最空曠的地方，以免被掉落的瓦礫砸傷。那天晚上沒有月亮，但遠方有一片火光，火焰快速地往上噴發。那是市中心商業區的上空。她們心裡著急，地震引發了火災，一定有很多人因此受傷。修女們還沒從驚嚇中恢復，突然聽到氣體從瓦斯桶漏出來的聲音，這時她們非常害怕爆炸，萬一房子被炸毀，她們也無一倖免。

有人在黑暗中摸索，好不容易找到翻倒的瓦斯桶，發現是塑膠管脫落，花了好幾分鐘才找到開關，把它鎖緊。

「不知為什麼，我們每個人都移到停在總會院後面的旅行車旁，」華淑芳說。幸好她們十七個人，身上除了瘀青之外，沒有嚴重受傷。她們圍著這部車子，好像它是母雞，而修女們是小雞。她們聽到總會院外的尖叫聲，也聽到木頭斷裂掉下、房子倒塌的聲音。地震還在持續，市區方向的火光愈來愈大，有人想去幫忙，但是總會長不准許，她說，外頭一片漆黑，很多電線桿倒了，可能會碰到危險。

那天晚上，她們全員共十七個人擠進旅行車裡睡覺。「怎麼可能擠得下呢？我也不知道，但是我們做到了，」華淑芳說，「沒有人願意回到房子裡，留在車子裡才有安全感，因為整晚餘震不斷。」

天亮時，華淑芳修女從擁擠的車內爬出來，第一個念頭是：「我們的房子怎麼樣了？」看到它仍安好的矗立著，她心裡踏實不少。檢查之下，發現屋簷產生裂縫，內外牆壁有些受損，而屋頂有個很大的裂縫。

接下來一個月，餘震不停。這時候，如果修女們正在室內，就會馬上跑到戶外去，害怕大地震突然又發生。幾次之後，華淑芳說這次不跑了，感覺只是輕微地震。不過，雖然她嘴上這麼說，但還是反射性地跑了起來——身體的反應總是比腦袋還快啊。

這段時間，大家都不敢回會院睡覺，因此這部旅行車成了很多人的宿舍。慢慢地，開始有人決定回到自己的床上，但有幾位仍然很猶豫，害怕大地震再次發生。華淑芳就是不敢到回房睡覺的其中一人，她的房間在二樓，萬一大地震又來，她擔心屋頂受不了再一次劇烈震動，不敢想像屋頂掉下來壓在自己身上的場景。所以，她大約有一個月的時間都睡在一樓。

五十一、大地震後的啟明診療所

嘉義市因為偏離這場大地震的震央，由地震直接造成的災害不算大，真正嚴重的災害是地震引發的鬧區大火，許多房子陷入火海，火線長達一公里，並延燒了三個小時，直到隔天凌晨一點。

當時正值隆冬，夜間氣溫寒冷，餘震接連發生，民眾在凜冽的寒風中奔走，無暇救火。修女們看著遠方熊熊的火光，又聽到人們尖叫的聲音，也只能躲在車裡，盼望能平安度過這難熬的夜晚。

大地震隔天，早餐時，華淑芳修女突然停住筷子，大叫一聲：「診所呢？」每個人都看著她說：「診所怎麼了？」華淑芳擔心昨晚市區的大火燒毀了診所，或是診所倒塌了，這時大家才反應過來，急著去看看狀況。吃完早餐，她們就開車前往市區，只開了一小段路，就看到地震造成的破壞，電線桿傾倒，電線散落、蜿蜒在地上，很多房子都倒塌、變形了。路況不佳，軍人和警察出來指揮交通，她們繞來繞去，平常十分鐘的車程開了快一個小時才到。

她們將車停在距離診所稍遠處，慢慢從瓦礫中走過去。華淑芳看到啟明診療所的建築還矗立著，等到靠近後，便發現梁柱已經龜裂，但沒有立即倒塌的危險。基本上，這棟房子還是完整的，幸好市區一半以上的建築像啟明診療所一樣，只有輕微損害，而昨晚她們看到的大火，則已燒毀不遠處的一整條街。

華淑芳踏進診所前，心裡已經做了最壞的打算。果然，診所內的杯子、罐子掉落一地，藥物從破碎的罐中流出，混著上千顆的藥丸、維他命膠囊，以及破碎的玻璃，滿地黏答答的。藥物全毀。華淑芳很心痛，因為這些藥物都是遠從美國運來，在台灣買是非常昂貴的。

她們小心地越過玻璃、藥丸和液體，到最後面的實驗室。奇妙的是，實驗室沒遭受一點損害，只有一罐兩加侖的蒸餾水立在地板上。這個狀況很不尋常，因為她們每晚離開診所前，都會把東西收拾好。

「瑪麗安，我們昨天晚上離開時，這個瓶子就在這裡嗎？」華淑芳問。

「不是呀！本來是在架子上的，」瑪麗安回答。

華淑芳修女心想，是不是有人進來偷東西？但是其他儀器，像是顯微鏡、試管、抹片都還在。她們的結論是，這個瓶子自己從架子上走下來，然後停在地板上。

診所需要徹底打掃。當她們開始整理診所大約半小時後，一個年輕人走進來問道：「你可以幫我嗎？」他的褲子破損，受傷的腿上沾滿凝固的血跡，原來他把腳從倒塌的牆壁中抽出來時受傷了。其他受傷的人也開始進來求助，大部分是割傷、瘀傷或燒傷。有個小女孩的手指斷掉了，傷口只用一塊髒布包著，修女們趕緊幫她處理傷口。清創、上藥的過程一定疼痛難忍，小女孩卻很鎮定。

也有骨折的人前來求助，但是華淑芳只能請他們到醫院就醫，因為啟明診療所沒有X光機來確定受傷的位置和程度。醫院早已人滿為患，部分民眾無法受到及時的救助，但診所設備不足，修女們也無能為力。

幾天之後，診所營運恢復正常。心臟病、高血壓、潰瘍、甲狀腺腫、沙眼、營養不良等症狀的病人都需要藥品，華淑芳修女開始擔心，因為她們的藥物愈來愈少，診所可能需要關閉一段時間。

在美國的安德森寫信告訴華淑芳，他已經寄了一些新的藥物，但不知道何時才會送到。目前啟明診療所剩下的，只有放在總會院內、只夠使用三個月的存貨。

每當碰到病情特別嚴重的病人，因治療而好轉時，華淑芳修女會這樣說：

「聖神坐在我的肩上！」沒想到，這段時間內，這句話竟然兩次從她口中說出。第一次，是農曆春節期間，長達兩週幾乎沒有人來看診，這讓她們有時間等候新藥物到來；第二次，則是新年之後藥物及時送達。因為藥物不足而需要關閉診所的擔憂，就像地震來襲那樣，一剎那便消失，一切恢復正常。

五十二、美玲與素雲的故事

愛神丘比特一般不是修女該扮演的角色，然而，一個磚廠發生意外，卻讓華淑芳遇到了這樣的機會。

某天下午一點鐘左右，鐘德萊、瑪麗安和華淑芳正要關閉診所，準備回會院吃飯。一位醫生請她們為一位來自鄉下的女孩看診，這女孩的右腿已經嚴重發炎到需要住院的程度。

華淑芳向女孩的母親說明，必須盡快將她送到醫院才有得救，也提醒她可能必須截肢。修女們把女孩抬上擔架，送上「寶貝」救護車。前往醫院大約需要一小時，途中她告訴修女們，她叫美玲，今年十八歲。

美玲在磚廠操作打碎黏土的大型電動機械，但她不熟悉這個機器，把自己的腳卡住了，機器在她的大腿到臀部割出一道長長的傷口。手術過程中，鄉下醫生在縫合傷口時不小心把一條靜脈縫死，血液循環被切斷，導致腿部嚴重發炎。美玲的媽媽帶她來嘉義就醫，但此時她已經開始發高燒。

修女們一直安撫美玲，替她打氣。鐘修女開玩笑地問她是不是有男朋友，漂亮單純的女孩這時馬上紅了臉。鐘修女說：「我們知道你的祕密囉，你就要結婚了！」美玲閉上雙眼，害羞地笑了。

到醫院檢查後，美玲果然被判定需要截肢。她不願意，但別無選擇。「那我就永遠不能結婚了，」她哭喊著：「沒有一個男人會要我，我會變成殘廢，也不可能生兒育女。」

修女們跟她解釋，最重要的是活下來。最後，美玲決定進行手術。

手術後，她絕望地封閉自己，無法接受殘缺的未來。她不想見未婚夫，覺得自己是一個沒有希望的殘廢者，不值得擁有幸福的婚姻。她也和家人疏遠，擔心自己變成沒有用的人，造成家人的負擔。華淑芳看著她，說：「你是一個懦夫。你拒絕醫院幫你裝義肢，因為裝義肢就可以不靠拐杖走路，這是懦夫的行為。」

看起來，華淑芳好像做了一件殘忍的事，但是她知道，如果繼續像對待嬰孩般保護美玲，將造成反效果，她可能從此一蹶不振，應該讓她接受現實，堅強面對未來。華淑芳的激將法成功了，美玲同意裝上義肢，也和未婚夫結婚了。修女們最後得到的消息是，她已經生了兩個兒子。

很快地，「寶貝」有了另一項任務。星期天是休息日，但是修女們被告知，山區裡有個十三歲女孩，病得很嚴重。她們大約開了一個小時的車才抵達女孩所在的山村。「我們抵達時，可以感受到他們的殷切期待，」華淑芳說。一位長者指引她們，小女孩的家在山坡上約八百公尺處，但小路勉強只夠讓「寶貝」前進兩百公尺，接下來，修女們只能拖著擔架和醫療箱，徒步走上愈來愈陡的坡路。

女孩躺在簡陋的小床上，看起來病得很重。她的名字是陳素雲，平日撿收竹枝以補貼家用。有天她撿竹枝時，一根尖利的竹子像刀片般切過她的腿，使她感染了破傷風。

修女們小心地移動她，因為這時只要輕微的震動都可能讓她痙攣。華淑芳給了她高劑量的苯巴比妥藥預防痙攣，再把她放在擔架上、搬下陡坡。路上石頭多，地勢陡滑，當她們來到救護車旁，早已筋疲力竭，還好素雲的情況尚好。

救護車無法在這條窄路上迴轉，必須倒車下坡，兩百公尺的路程感覺就像兩百公里。瑪麗安在車後座，盡可能讓病人感到舒適，同時也要準備萬一女孩發生痙攣，要馬上應變。

下山後，還有九十公里的路程才能抵達高雄的醫院。為了病人的舒適，華淑芳不敢開太快，盡量保持行車平穩。她們以每小時不到六十公里的車速前進，碰到路面不平的地方，必須減速慢行，使得這趟路程變得更加遙遠。但是，即使如此小心，女孩還是在途中發生了痙攣。

幸好，最後素雲活下來了。還好有救護車，否則一定來不及救她！

修女們一行人，將躺在擔架上的女孩陳素雲一路扛下山。

五十三、小麥可的故事

中華聖母會在台灣的醫療工作，因為啟明診療所和救護車而建立良好的聲譽。「有了救護車，便感受到民眾看待我們的感覺發生微妙的變化，」華淑芳修女說，「好像我們變得比較重要，也得到更多尊重。在病人中口耳相傳，讓我們的病例大大增加。」

此外，啟明診療所每星期固定開放三天，和其他時開時關的診所相比，更顯穩定。

中華聖母會曾經在十多個小鎮開放診所服務，然而由於交通不便、藥品不足、人手不夠等種種原因，大部分都無法持續，只維持了幾個比較固定的鄉鎮，如新港、梅山、斗六等。儘管如此，這幾個小鄉鎮的人們還是不安心，他們害怕修女們像那些無法繼續的診所一樣，隨時可能離開，不再替人醫病。在嘉義就不一樣了，很多鄰近村鎮的居民會特地搭公車、騎腳踏車或摩托車來到啟明診療所看病，有時甚至走路來就診。

小麥可的祖母就是其中之一，她抱著小麥可從三十二公里外的斗六搭公車來到嘉義。小麥可又瘦又弱，好像在大太陽下晒了好幾天的蘿蔔乾。還不到兩歲半的小麥可，沒有力氣站立、坐著或是講話，他是華淑芳見過營養不良最糟糕的狀況，好像隨時都快死掉一樣。

修女們也不太敢貿然餵他喝牛奶，因為擔心食物還沒到胃之前，他就先反胃、休克。可以想見小麥可來自非常貧窮的家庭：他和三個哥哥以及寡居的祖母住在一起，患有肺結核的媽媽已經離家，而爸爸沒有工作。

小麥可需要至少好幾個月的醫療照顧，但沒有一家醫院願意免費收留他那麼久，修女們也沒錢代為支付。最簡單的方法，就是讓他祖母帶走一些食物當作治療，但修女們知道，這樣一來，小麥可會死掉——他看起來已經活不過幾

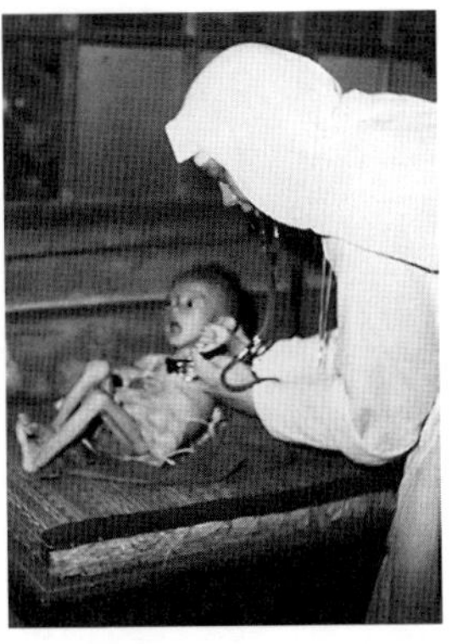

台灣當時有很多瘦弱的孩子，他們最需要的，是獲得足夠的營養。

天。唯一剩下的辦法，就是把小麥可帶到會院照顧。「這樣做是在犯罪。不過，就算只有一絲希望，還是要把握每個可貴的生命，不能輕易放棄，」華淑芳說。

小麥可的治療，一開始面臨許多困難，過了一段時間才有反應。兩個月之後，他已經改善很多，也開始學習走路。他是個活潑可愛的小孩，突然多了二十個「媽媽」沒事就來看他；如果他想做某件事，有個修女說不行，他就去找另外一個修女，最後可能就會得到應允。他有點被寵壞了，然而這也是孩童天真可愛之處。小麥可可愛又有活力，讓修女們想永遠留下他，但這是不可能的，當小麥可的治療告一段落後，她們就得和他說再見了。

修女們把小麥可帶到會院的事，已在外面流傳開來，許多人也想把不要的小孩送來給修女們，然而她們沒有能力開辦一間孤兒院。修女們把恢復健康的小麥可帶回他祖母那裡，並留給他們一個月的食物，也答應以後還會再送來。但是，三個星期後，祖母又抱著小麥可來到啟明診療所。

修女們看到小麥可的眼睛無神，臉頰也不再圓潤，他的手腳瘦弱，全身癱軟無力又發著高燒。華淑芳帶小麥可到診療室檢查，沒想到他又是營養不良。

當修女們送小麥可和食物回到他祖母家時，祖母開始衡量四個孫子的情況。她覺得三個大一點的孫子比較有希望存活，應該把食物留給他們；小麥可本來就差點死了，不可能健康地活下去，為什麼要把食物浪費在他身上呢？小麥可因此無法獲得足夠的營養。修女們再次把小麥可帶回修院治療，幾個星期後，他又恢復了活力。

這次，當修女們把他再送回去時，改變了接濟的方式。她們沒有直接提供食物，而是要小麥可的祖母每天帶他到斗六的天主堂吃飯；如果祖母不這麼做，就沒有食物可拿。後來，小麥可終於恢復元氣，上了幼稚園，健健康康地成長。

五十四、如果我們有間醫院

小麥可只是華淑芳每星期醫治的五百個病人之一，每天在診所裡工作，讓她喘不過氣來，外出看診給了她一個稍稍喘息的機會。

有一天，瑪麗安和華淑芳在大林診所忙完，正準備吃午飯，有人衝進來說有個農夫遭遇意外，需要幫忙。她們趕緊坐上「寶貝」，到大約八公里之外的地方為他診療。

這位農夫從機動車上跌落，被後輪輾過。雖然沒有骨折，但腿上的割傷及大片瘀青讓他感到劇烈疼痛。她們做了緊急處理，包紮完畢，已是下午三點，這時瑪麗安和華淑芳覺得飢腸轆轆。

農夫的太太邀請修女們留下吃水餃，她們狼吞虎嚥地吃下一大堆，而且讚不絕口，表示從來沒吃過像她做的這麼好吃的水餃。兩個小時之後，當她們回到大林關好診所準備回嘉義時，開始覺得不對勁。她們突然拉肚子，情況十分嚴重，接下來三天都無法離開會院。

這段時間裡，病人依舊找上門，李美納總會長只能說抱歉，請他們離開——除了一位帶著一歲女兒的媽媽，她懷中的女兒已經奄奄一息，嘴唇發紫。她說她們從一百二十八公里外搭乘火車而來，修女心軟了，於是留下她們。

瑪麗安和華淑芳掙扎著從床上起來看診。這個小女孩已經病了一個月，發燒到攝氏四十度，拉肚子、貧血、營養不良，心臟也有毛病。她們要這位媽媽趕快帶小孩去醫院，她卻搖搖頭說沒有錢，最後，她說會住在嘉義親戚家一個晚上。

華淑芳不喜歡耽誤就診時間，卻也沒辦法，因為中華聖母會沒有醫院。華淑芳給這位媽媽一些藥和嬰兒奶粉，讓小女孩至少能補充一些營養。第二天，媽媽高興地把女兒帶來，微笑著說小女孩好多了。華淑芳幫小女孩做了血液檢查，白血球的數量已經降低一些，而血紅素雖然提升了一些，但百分之三十五的數值還是過低。

「你女兒的病還是非常嚴重，」華淑芳告訴這位媽媽，「你有沒有跟你先生聯絡？她需要去醫院。」

她閉上眼睛說：「沒有，但是我的女兒已經好多了。」

最後，她先生要她把孩子帶回家，因為他沒錢送小女孩到醫院。這個小女孩，幾個星期之後就過世了。

「如果我們有間醫院，就可以二十四小時觀察病患，直到她恢復，」華淑芳心想，「如果他們沒錢，我們也不會收費。是的，如果我們有間醫院，這個小孩今天還會活著。」

醫院！醫院！這兩個字怎麼變成令人沮喪的名詞？小女孩不應該就這樣死去，但這不是唯一的例子。還有更多的人，不管年長、年輕或嬰孩，最終還是失去了性命，修女們遺憾自己幫不上忙。雖然她們也幫助了上百個人康復，但是治療時間拖得太長，病人們也因而失去工作。

「我們只有診所，相關設備與藥材都有限，無法提供醫院規模的服務，」華淑芳說。

四十歲的周先生，天生手肘變形，沒有得到適當治療，只能做一些零工勉強維持生活。鎮上有一位神父，告訴修女們周先生的腿潰爛了，而且愈來愈嚴重，問她可否幫忙。

華淑芳開救護車將他送到嘉義，他住在離總會院不遠的一個朋友家。華淑芳用藥物和藥膏為他治療，每天從診所回會院的路上，就過去幫他換藥。一開始治療奏效，但只要周先生覺得好一些了，就跑出去而不好好換藥，因此病情膠著。華淑芳又試了盤尼西林，花了六個月才把他治好，然而，周先生的老闆已經把他的工作給了別人，最後周先生只能以乞討為生。

華淑芳心想，如果我們有間醫院，他應該在三個星期到一個月內就會痊癒，也不至於變成乞丐。提起「醫院」這兩個字，總讓華淑芳覺得沮喪。

五十五、赴美募款

讓華淑芳難忘的，還有一個因罹患輕微小兒麻痺症而不良於行的三歲小女孩。華淑芳教她媽媽幫小女孩做一些運動，好讓她將來能夠正常走路。小女孩持續進步，終於能夠自己站起來，但她的父母卻沒有足夠的耐心等她慢慢好轉，竟然聽信偏方，割破小女孩的皮膚將腿上的血放掉，導致她連站都站不起來，只能在地上爬行；更糟糕的是，她永遠無法再站起來，更別說走路了。這些都是令人心碎的故事。

很多情況之下，修女們只能用有限的診所資源，盡力而為。「我們要一直為這樣的情況掙扎？還是能夠有一間醫院，做更好的事？」華淑芳希望中華聖母會能擁有更多設備，提供更好的醫療，幫助人們重拾健康，把基督的愛帶給更多的人。

華淑芳將成為中華聖母會第一位外科醫生，也曾有一些年輕女孩願意學習護理專業，但沒有地方可以訓練她們。還有一位修女曾在美國受過X光訓練，但是她們並沒有X光部門。

「怎麼樣才能克服沒有醫院這個不足呢？」華淑芳說，「當然就是要有錢！多少錢？大概要三萬五千美元。」

有了這筆錢，就可以蓋一間五十床的醫院，外加一部二手X光機，再買病床、桌子，以及手術房的設備、實驗室、藥房等。這是一九六三年時估計興建一所醫院所需的資金。「世界上一定有人願意幫忙我們，」華淑芳開始將眼光轉向美國，中華聖母會總會院的建造經費來自那裡，「也許我們能再募到一間醫院。」

華淑芳原本預計於一九六四年秋天，請展蘭芳陪伴她一起去美國，開始進行宣傳和募款事宜。一九六三年聖誕節發出的三百五十封信，只有十九封回覆，華淑芳認為她們必須想辦法恢復人們對中華聖母會的關心，並且增加更多聯繫與接觸的機會，與美國捐款人建立穩固的連結。她們的目標，還包括尋找在美國受教育的醫生、護士來代替瑪麗安，因為她兩年的服務時間快結束了。

沒想到，所有可能出錯的事情在同一時間發生了：混亂的避靜、改期的船班，外加颱風來攪局。

這時，已經比預計出發的時間晚了，她們將在十月第一個星期結束診所目前的工作。瑪麗安和鐘德萊一早先去診所收拾藥物，華淑芳則待在會院處理雜事。當瑪麗安和鐘修女走進診所，馬上有人衝進來，爭先恐後地喊著：「給我！」「你給我的藥很有用，我需要多一點！」他們從袋子裡翻出想要的藥，搜刮一空。

當她們終於整理好診所，回到總會院，知道會院地址的病人趕了過來，希望她們不要結束醫療工作。

同時，華淑芳也準備為期一週的避靜，但是一切都人混亂了，這讓她必須到嘉義另一個會院進行。

避靜從一開始就情況不斷。第一天，帶修女避靜的神父在外出的路上昏倒了。華淑芳趕緊開救護車前去查看，幸好神父只是中暑。另一位神父突然全身蕁麻疹發作，也到會院來求診。

某天，一位媽媽帶著一個小男孩來。他是修女們醫治過的病人，原本罹患的慢性腎炎已經痊癒近兩年，最近卻突然復發，他的媽媽每天來會院請求幫助。還有一位父親，他的兒子得到肺炎，堅持認為華淑芳是唯一能治好他兒子的人。另一位在輔仁高中聖言會院的神父，同樣得到肺炎，華淑芳每天都去探視他。她的避靜，簡直一塌糊塗。

避靜結束那天，華淑芳只剩一個星期就要搭船到加州。她計劃利用這段時間做完所有雜事，包括整理病例和藥物，付清帳單、安置救護車、整理行李等，這晚她只睡了兩個小時。

突然，一封電報來了，船提前到港，而且將在四十八小時內出發。第二天，華淑芳和展蘭芳拖著因睡眠不足而疲倦不堪的身體，在火車站等車。其他修女說：「你們兩、三個月就可以回來了，看看家人、見幾個人談談興建醫院的事，這樣的時間應該夠了。」

華淑芳回答：「光是坐船來回，就要一個月了呢。」

「看看家人、見幾個人興建醫院的事」，讓這趟募款之旅聽起來很簡單，也讓華淑芳開始相信一切會很順利。

五十六、醫院將以聖馬爾定為名

當華淑芳與展蘭芳從台北坐車到基隆時，往事從腦海中湧出。五年前，她就是搭同樣的海上航程從美國來台灣。短短幾年中，發生了許多她意想不到的事。此刻，她正為了中華聖母會的發展回美國，尋找更多人的關注和幫助。

幾小時後，她們的船才離開港口不久，突然出現了危機——颱風來襲，巨大的海浪讓船搖晃不已。她們剛吃完晚餐，展蘭芳的臉色發青，非常不舒服。接下來幾天，船長盡量避開暴風中心航行，但船仍免不了上下晃動，有時整個船身甚至傾斜超過四十五度，人無法安穩地走動，不是撞到艙壁就是跌倒，好好睡上一覺更是奢求。這趟航程因此從十八天變成了二十多天。

然而，這不過是她們未來一年挫折及悲傷的開始。

一九六四年十一月十二日下午，她們終於抵達加州聖佩多（San Pedro）港口。明明是回自己的國家，華淑芳卻感覺陌生——到處都是美國人。捐款人之一的安德森，請妹妹佩翠西亞前來接她們，開車帶她們到洛杉磯機場，再轉機到沙加緬度，和華淑芳的家人（爸爸、媽媽及哥哥比爾）團聚。

當她們從聖佩多港出發時，華淑芳和展蘭芳的眼睛都發亮了。路上滿是汽車，沿途高樓大廈、平房或兩層洋房連綿不斷，還有高入雲霄的鑽油井；人們穿著整齊，打扮光鮮亮麗，好像每個人手中都握有金庫的鑰匙。第一次來美國的展蘭芳，對這種富裕更覺震撼。

「說不定我們在西岸就可以籌到蓋醫院的錢，」華淑芳心想。在台灣住了五年後，再度踏上這片金色仙境，她彷彿也成了一個外國人般看著美國。

和家人團聚真是一件令人開心的事。但華淑芳也讓家人有些驚訝，她講話多了個「吔」的語助詞，這是台灣話裡常用的表達重點的語詞，她已不自覺地將之融入到英文裡。華淑芳的父母想改掉她這個習慣，一再問她：「你耳聾了嗎？」因為他們覺得年老失聰的人才會這樣講話。也正是在此時，華淑芳知道比爾得了癌症。一星期後，華淑芳和展蘭芳出發，踏上籌款之旅，這是華淑芳最後一次見到比爾。

她們很興奮地來到西雅圖，和安德森見面。他是她們這趟任務最好的啦啦隊，給了她們鼓舞和信心。安德森年近三十，高高瘦瘦，步履輕鬆，他和家人讓華淑芳、展蘭芳感覺賓至如歸，好像彼此是多年好友，而不是第一次見面、三年來只靠通信聯絡的筆友。

華淑芳告訴安德森，她很感謝他的父親馬爾定先生從前為修會所做的一切，他的大力資助幫助修會度過很多難關，也很感謝安德森在父親過世後依然繼續幫助修會。她說，將來準備籌備的醫院將會以「馬爾定」之名來命名，紀念他慷慨的美德，也同時紀念一位名為「聖馬爾定」的天主教聖人。這位聖人「聖馬爾定」是道明會的弟兄，終生在祕魯奉獻，服務生病、貧困的人；而安德森雖然不是天主教徒，卻展現了宗教無私的精神，不但資助修女們的工作，更找了許多朋友一起贊助。

安德森繼承了父親馬爾定所創設的西北紀念品公司，特別空出時間幫她們安排一系列演講，讓她們用幻燈片輔助，描述在嘉義的醫療服務工作。本來，華淑芳和展蘭芳準備幾個星期後到芝加哥演講募款，回程再停留西雅圖，現在卻意外地提前來到；原本只要在西雅圖停留兩天，也因為有演講募款的機會，而延長到一星期。

「你覺得我們可以講什麼？」華淑芳問展蘭芳。她突然開始怯場，不知道如何開始。華淑芳對她們的工作了解得鉅細靡遺，但是真正要講述時，腦袋卻一片混亂，好像演講台突然間變成怪獸。

「你可以說說我們的病人，為什麼他們會來我們的診所？他們的感覺如何？他們得到什麼幫助？」展蘭芳回答。華淑芳的腦袋裡浮現出上百張臉孔，但每一個都很模糊，她開始緊張自己怎麼上台。

「你能不能想到哪個特別的人？」展蘭芳說。「有啊！『阿娜』！對齣，太棒啦！」華淑芳感覺安心許多，至少她可以在這些模糊的臉孔中找出一位。

五十七、阿娜、三個瑪利亞和寶貝的故事

住在山區的阿娜，放學後正要搭公車回家時，突然急性盲腸炎發作，昏倒在街上。一位老先生把她抱來啟明診療所，華淑芳問老先生為什麼會帶她來這裡，他說：「每個人都知道你們會好好照顧她，並替她找到父母。我沒有錢可以幫她，但我知道你們會免費幫助生病無助的人。」

「你還想得到其他人嗎？」華淑芳問展蘭芳。「要不要講一下有些人付不起錢，會用什麼方法來回報？我想到你叫她們瑪利亞的三個姊妹和聖誕樹，」展蘭芳回答。是啊！華淑芳笑了出來，她愈來愈覺得這場演講的內容可以很充實。

華淑芳總是記不住那三姊妹的名字，所以乾脆都稱她們為瑪利亞。她們的媽媽輪流帶她們來診所，每次都是肺炎。華淑芳想不通她們得了這麼多次肺炎，為什麼還愈病愈勇。瑪利亞家付不起任何東西給修女們，碰到類似的情況，有些人會送米、蛋或蕃薯做為看診的費用，然而瑪利亞的爸爸卻選擇了一個完全不同的方式來表達感謝。

他替修女們做了一棵手工聖誕樹，每年聖誕節，她們都會在中華聖母會總

院豎立起來。這棵聖誕樹全用竹子製成，樹幹、樹枝甚至樹針，都是仔細雕割而成，松針就像真的一樣細薄。「這是我見過最美麗的人造聖誕樹，它看起來是如此自然，很多訪客都以為它是一棵真的松樹，」華淑芳說。

「要不要講寶貝的故事？」展蘭芳又說。除了救護車「寶貝」之外，這個名字還屬於一個十二歲男孩，他的病況讓華淑芳很傷心。「有一家醫院，是很重要的，『寶貝』就是最好例子，」華淑芳修女說。

一九六三年末的某一天，他的叔叔背他到啟明診療所。這個十二歲的小男孩有著甜美天真的臉孔，修女們給了他「寶貝」這個暱稱。寶貝的爸媽務農，他和他叔叔就住在啟明診療所的對街。寶貝患了再生障礙性貧血。華淑芳還記得，當初替他做血液檢查時，驚訝地發現他的血紅素只有百分之二十二。他必須住院，但沒有一家醫院有空餘的病床。修女們使用抗貧血的藥物，得不到效果，試過輸血也沒什麼幫助，最後以鐵、維他命B12和類固醇輔助治療，寶貝的病情終於有了好轉。

「如果我們能有醫院提供最好的醫療照顧，我相信他一定會復原，」華淑芳經常對瑪麗安這樣說。不久，寶貝又惡化了，華淑芳和一位受過西方教育的醫生討論，他建議為寶貝做脾臟切除手術。手術之後，修女們繼續用藥治療，寶貝復原得非常好，他的血紅素上升到百分之五十七。

寶貝回到家之後，得了一場感冒，情況再度惡化，從此所有治療都沒用。他喜歡聽聖經故事。開始詢問有關神和耶穌的問題。一位神父去他家探訪，和他的父母談過後，父母同意讓他領洗——即使他們兩人都是佛教徒。幾天之後，神父再次到他家，發現他病況危急，卻仍談著天主和耶穌。一個小時後，他帶著微笑去世。「我真心相信，如果我們有醫院，寶貝今天一定還活著，」華淑芳說。

阿娜、三個瑪利亞和寶貝的故事，讓所有聽眾非常感動。一星期後，當她們離開西雅圖時，已經充滿信心，相信這趟募款之旅會順利成功。

五十八、古女士的十個一元

華淑芳和展蘭芳搭火車向東行，原本溫暖的天氣，卻在幾小時之後開始下雪，一路下到俾斯麥（Bismarck）。在那兒，她們要和聖亞肋塞醫院（St. Alexius Hospital）的院長瑪麗．保祿修女（Sister Mary Paul）見面。本篤會捐贈給中華聖母會許多衣服、毯子、醫療器材和藥品，藉此機會，華淑芳要向她及本篤會修女們表達感謝，同時也說明興建醫院的計畫。

屋外冰天雪地，幸好院長的辦公室很溫暖。這時有人敲門，一位醫生走了進來，他告訴院長他剛買了一部新跑車，想把汰換下來的跑車捐給本篤會。「哇！這部車如果送給我們該有多好！」華淑芳心裡暗想。

院長看了華淑芳及展蘭芳一眼後，匆匆起身追上醫師，幾分鐘後，她面帶笑容回來了，還說：「你們不用再搭乘公共交通了，車子是你們的了。」

她們對這驚喜感到不可置信，整件事情好像早有安排。華淑芳與展蘭芳就像飄在雲端一樣開心。接下來，她們穿過更多冰天雪地，去迪比克（Dubuque）和瑪麗安相聚。

南行之前，她們去芝加哥和渥女士（Mrs. Wall）碰面，她是華淑芳和展蘭芳在美國中西部的「發電機」。

她們把車留在芝加哥，搭火車南下至佛羅里達州。來美國已經一個多月，剛開始那高昂的情緒漸漸平靜下來，而興建醫院的資金目標卻仍然遙不可及。她們進行了十來個演講，從沒收過百元大鈔，大部分是一元和零錢。在南行的火車上，華淑芳向展蘭芳說：「這不會只是三到四個月的工作，」這意味著，她們沒有時間慢慢募款了。她們真的能在這趟旅程中籌備到三萬五千美元嗎？

到佛羅里達州後，兩人完全被工作淹沒。她們忙著寫信、安排演講，聯絡之前的捐款人，到拉哥獅子會（Lions Club of Largo）和其他教會團體演講——包括華淑芳的父親擔任會計的衛理公會，以及她繼母的堂區聖熱羅尼莫堂（St. Jerome Catholic Church），本堂神父安排她們和教友們聚會，播放幻燈片介紹修女們在台灣的工作。當地報紙替她們寫了一篇報導，之後華淑芳接到一位九十二歲古女士（Mrs. Anna Gullage）的電話，她和家人畢生奉獻基督教「救世軍」。

古女士在電話中道歉，表示由於身體的緣故，不能來看她們，問修女們可否去看她，她願意捐款一美元。她的誠意很真切，但華淑芳覺得古女士更需要那一塊錢。幾天之後，她又來電，有些生氣地說：「你們到底在哪裡？」古女士最後給了修女們十個一元。

古女士行動不方便，卻跑到鄰居家四處借錢來增加她最初許諾的一元，這樣的精神沒人可以相比。「我覺得古女士活出慈善和宗教大公精神的極致，」華淑芳說。

五十九、計畫趕不上變化

一九六五年一月上旬，華淑芳和展蘭芳回到芝加哥。不到二十四小時，熱帶的海市蜃樓消失，溫度驟降，暴風雪來襲。她們的募款工作就在中西部幾十年來最糟糕的冬天中展開。不管是什麼計畫，樣樣出了問題。

她們開車到卡拉馬祖（Kalamazoo）去見國兆隆神父，碰上了風雪，晚了一天才回到芝加哥，因此錯過了兩場演講。

一個星期天晚上，她們離開芝加哥，準備第二天早上到一所高中演講，才出發不久，就碰上冰風暴，許多車子在路上打滑，甚至翻覆。她們想找個汽車旅館休息，卻到處客滿，直到清晨兩點才有休息之處。第二天的路況依舊很差，到達學校時，原定的演講時間已經過了一半。

天氣惹來的麻煩還沒完，一場冰雹迫使她們取消在愛文斯頓（Evanston）和六十位女士的茶會。

華淑芳以前在吳甦樂修女會學校的老師，邀請她們去迪卡圖。在會院門前下車時，華淑芳沒留神，踩到一小塊冰區，重重地摔了一跤，導致她膝蓋腫脹，痛了很多天。

不久後，華淑芳和一位牧師相約在密爾瓦基（Milwaukee）。當她離開芝加哥準備前往密爾瓦基時，卻開始發燒，路上又遇上大風雪，兩人終究沒能見面。

華淑芳和展蘭芳住在由聖方濟修女會管理的樞機主教斯特里奇大學（Cardinal Stritch College），一位修女說：「你們既然來到這裡，一定要和我們的中國修女們見見面。」

她們開車穿過市區前去拜訪，心裡想，這一趟將像話家常般輕鬆聊天，沒想到這個聚會帶來莫大的驚喜。展蘭芳見到她離開中國後就未再見過的克修女——她在山東時的數學老師，當時展蘭芳還是望會生。華淑芳和展蘭芳雖然沒有獲得很多捐款，但至少在這段短短的時間內，她們能暫時忘掉募款的煩惱及壓力。

同時，展蘭芳的情形也令華淑芳擔心。她已經有一陣子不像原來那樣興致勃勃，開始咳嗽、喉嚨痛。芝加哥一位醫生認為這是支氣管炎，或許再加上一點思鄉病。這時候，她們在中西部的募款行程已經接近尾聲，接下來，是令人失望的費城和華府之行。

六十、紐約行

抵達紐澤西州川頓市（Trenton）時，有人說：「你們應該去費城見某某某，」到了費城又被告知：「你們應該去華府見這位、那位，」到了華府又被告知：「你們應該去紐約見富爾頓．若望．申（Fulton J. Sheen）輔理主教，可以省下很多時間，我來替你們約！」華淑芳覺得好像掉進一個無止盡的黑洞，在東岸跑了一星期，結果一分錢都沒有籌到。三萬五千美元的目標，看起來像不可能的任務。

申輔理主教人很好，他花了半個多小時聽華淑芳講述她們所有的問題。「可以說，我們不再是兩個灰心的修女，」離開的時候，華淑芳這麼覺得。他建議華淑芳她們去天主教福利會。

「申輔理主教是我們此行的最大轉捩點，」華淑芳說，「如果我們不是先到川頓，接著走了一段失望的華府之行，也不可能見到申輔理主教。好像天主在考驗我們的信心。」

她們抵達位於帝國大廈的天主教福利會總部時，心裡興起敬畏之感。人潮熙熙攘攘，非常忙碌，而她們只是從台灣一角來尋求幫助的兩位修女。從六十五樓的窗戶望出去，紐約市就在腳下蔓延而開，讓她們更覺得自己渺小。「我們可真有膽子來麻煩這些人呀，」華淑芳心想。

雖然天主教福利會在台北的代表一直在協助中華聖母會，但那是在台灣。現在，她們可是在美國最大的國際性福利機構總部，而這機構每年收到成千上萬的求助。

她們得到的接待，卻改變了自覺微不足道的想法。馬利（Marley）是遠東區的監督，對待她們像是老朋友。她已經知道修女們的故事，也表達了對她們的工作和興建醫院的興趣，她建議華淑芳寫好詳盡的計畫報告，內容必須鉅細靡遺（包括一個夜燈要多少錢等細節），然後和醫院的設計藍圖一起送出。馬利更安排她們跟負責亞洲和遠東區的主任哈神父（Joseph J. Harnett）見面，哈神父非常尊重修女們，也盡力給予幫助。

展蘭芳和華淑芳輕快地走過市區，來到里奧之家。現在她們感覺踏實多了，心中那顆不安的大石頭也終於能夠放下。一位本篤會神父幫她們支付了兩個星期的住宿費用，讓她們立刻投入計畫報告的準備。

此時，華淑芳接到一通長途電話，得知她的哥哥比爾已經病危。這消息幾乎打倒華淑芳。她只記得展蘭芳不斷安慰她，想不到，三星期後展蘭芳也因癌症住進了醫院。

六十一、展蘭芳修女罹癌

當她們完成醫院計畫報告後，搬進了布朗克斯區（Bronx）吳甦樂修女會的聖熱羅尼莫會院（St. Jerome's Convent）。有天晚上，華淑芳發現她們的募款再度停擺，她向修女們開玩笑地說：「吳甦樂修女會把我帶進這一切，現在是你們幫我解決問題的時刻了。」

華淑芳是開玩笑，依搦斯院長卻當真了。她笑問：「你說我們做錯了什麼？」

「您知道，我成為天主教徒是因為就讀聖特雷莎學院時，天主用了吳甦樂修女會保祿院長做工具，引領了我，」這番話讓每個人都笑了。

吳甦樂修女會的羅修女回應：「我們沒有任何理由不幫忙蓋這個醫院，」她進一步表示，她有個朋友是美國某基金會的重要人物。羅修女安排華淑芳與她的朋友見面，雖然她們談得非常愉快，但沒有得到任何承諾。

次日晚餐時，展蘭芳喉嚨痛和咳嗽的症狀依然未改善，大家開始覺得問題可能比想像中嚴重。

幾天後，展蘭芳住進了布朗克斯區的慈惠醫院（Misericordia Hospital）。她被確診罹患了食道癌——這是治癒率很低的癌症。先是華淑芳的哥哥罹癌，現在展蘭芳也得了癌症，她們人生中不曾有如此低潮的時刻。彷佛被不幸的鉗子牢牢夾住，展蘭芳病得如此嚴重，看來募款之旅必須結束，專心思考如何面對這個噩耗。她們一路上得到許多鼓勵，但此時此刻，她們的努力只換來沮喪。

來到美國已四個月，每天辛苦地工作十八小時，但籌到的款項不到一萬美元。治療癌症的花費很大，這些捐款是否足夠當作展蘭芳的入院保證金，還是個問號；更何況她們沒有住院或醫療保險。

還沒有人敢告訴展蘭芳她得了癌症，但她大概猜到了。她必須住院六個星期接受鈷放射治療，因此，原先預定要去中西部兩個月的行程，必得取消。華淑芳也在猶豫，應該繼續留在美國，還是趕快把展蘭芳帶回台北的醫院治療？若是回台，就代表她們必須放棄興建醫院，或者至少延遲好幾年。

華淑芳陷入兩難，因此罹患了憂鬱症。她長時間祈禱，請求天主指示，得到的回應是要耐心等候、持續不放棄。

慈惠醫院的馬修女（Sister Marcelle）院長一再向她們保證，不必擔心醫療費用。展蘭芳住進單人病房，開始接受漫長的鈷放射治療，克修女特別趕過來幫忙照顧她。

經過放射治療後，展蘭芳的癌症不再擴散了，接著要動手術。華淑芳把這消息告訴展蘭芳時，她只問了六個字：「何時需要開刀？」華淑芳感覺展蘭芳自知復原的機會極為渺小，而事實上，治癒率的確只有百分之五。展蘭芳已經瘦成皮包骨，她知道自己的狀況，卻沒有掉過一滴眼淚，不曾露出絕望或悲傷的情緒——她所做的，就是祈禱。所有人都在祈禱。

六十二、募得建院基金

展蘭芳持續接受鈷放射治療時，華淑芳再度開始四處募款的旅程。

第一站是辛辛那提（Cincinnati）。溫先生夫婦有五個孩子，其中一個從中國領養的女孩叫做瑪利亞，她非常熱情地歡迎華淑芳。他們幫華淑芳打電話，聯絡所有可能的捐款機會，並為華淑芳在當地安排了多場演講。由於展蘭芳住院中，所有演講都是華淑芳自己完成。

在展蘭芳手術前，華淑芳和克修女前往紐澤西州、紐約及賓州，甚至遠到賓州西邊的伊利（Erie），進行募款，接著又去了康乃狄克州、羅得島州、麻塞諸塞州，但這兩趟旅程都失敗了。跑了大約六千四百公里，只募得十美元，連支付高速公路的過路費都不夠，更別提油錢、停車費和餐費。她們抵達康乃狄克州的橋港（Bridgeport）時，心情很沮喪。

展蘭芳後續的治療，由醫院的外科主治醫師雷諾（Dr. Benedict M. Raynolds）與喉科瑪醫生（Dr. Andrew T. Manuele）接手。一九六五年六月，展蘭芳進行了超過八小時的重大手術，割除食道，移植結腸。幾天後，她已能笑著起床。這還不是唯一的好消息，雷諾醫生的太太幫她們在教區學校籌到一筆款項，雷諾醫生和瑪醫生也慷慨解囊。即使在展蘭芳接受放射治療的期間，她們仍然把病房當作辦公室，繼續工作。

她們每天都會收到一疊信，大部分是祝福展蘭芳早日康復的卡片，偶爾收到一、兩張一塊錢的支票，表明捐款給修會建醫院。有一天，她們收到了來自紐約天主教福利會的信，信中說，伊利諾州有位海先生捐了一大筆錢紀念他去世的太太；接下來，羅修女在基金會的朋友也寄來一張鉅額支票。

「我們開始看到曙光了，」華淑芳說，「只需要再努力一下，中華聖母會就可以在嘉義蓋一所醫院。」

華淑芳（上左二）引進美援物資與醫藥用品，再加上許多人的資助，造福了無數的病患。

一個朋友建議華淑芳使用抽獎券來募款，並捐了一本抽獎券給她。哥倫布武士俱樂部（Knights of Columbus）願意贊助這項計畫。布朗士恩寵聖母堂婦女會（Women's Guild of the Our Lady of Grace Church）葛會長（Mrs. Yolanda Gorassi），提供了可能買彩券的名單，也幫忙出售抽獎券。一九六五年七月，華淑芳坐在慈惠醫院四樓的日光間，打下一長串的人名，就是為了抽獎名單。活動結束後，建院基金增加了七百五十美元。

展蘭芳出院時，葛女士早已經想好計畫：白天華淑芳外出募款或四處去收取醫療器材和藥品，展蘭芳則去葛女士家中休養。一九六五年八月中旬，展蘭芳已經復原得差不多了，她們可以前往西岸，一路上停留幾個地方募款，接著再一個月，就可以回嘉義。

由於展修女仍不適合長途搭車，她就先搭飛機到西雅圖，住在安德森家。華淑芳自己開車橫跨美國大陸，途中停了幾處購買醫療器材和設備，並將一部分送到西岸的貨運公司——他們將免費替修女們運送。

回顧一九六四年，她們初抵達美國時，曾計畫和許多教區辦公室聯絡，然而因為展蘭芳生病，這些計畫連同其他安排都取消了，只剩芝加哥、橋港、印

集結眾人的力量，聖馬爾定醫院終於在
一九六六年落成啟用。

第安納波利斯（Indianapolis）、布魯克林、辛辛那提、匹茲堡、費城、紐約及麻塞諸塞州的秋河（Fall River）和春田（Springfield）。每到一處，她們都獲得最溫暖的接待。當這趟充滿波折的募款之旅來到結尾，華淑芳和展蘭芳再度回到西雅圖重逢時，她們已經籌到足夠的錢來興建醫院。

一九六六年，聖馬爾定醫院在台灣嘉義落成啟用，即現在聖馬爾定醫院民權院區，當時台灣雲林、嘉義地區的醫療物資普遍缺乏，創辦人華淑芳引進美援物資與醫藥用品，幫助了無數的病患。為了紀念美籍恩人馬爾定先生的鼎力捐助，以及他的兒子安德森幫助修會度過許多難關，因而取名「聖馬爾定醫院」。院內共有一百二十八張一般病床、四張加護病房、二間開刀房，提供內科、外科、婦產科及兒科之醫療服務，員工約兩百人。

六十三、他們的故事將永遠是醫院的一部分

「真是感謝許許多多美國人和機構的善心。他們的慷慨在台灣是不會被忘記的，」華淑芳說，「他們的故事將永遠是醫院的一部分，要流傳下去。病人們將會知道這些故事。」

中華聖母會全體十分感激美國人為她們所做的一切，華淑芳也很感謝所有的修女及台灣人民，因為這些人讓她的人生超乎想像地多彩豐富。

「我們經常忘記我們來自世界各地，我們的膚色不同、五官不同，風俗習慣也差異很大，」華淑芳修女說，「然而，我們一起工作，就像一家人。我們完全忘記我們是從不同地方來的，忘記我們長得不一樣；我覺得她們跟我一樣，她們也覺得我跟她們一樣。」

當年，華淑芳初到台灣時，她希望自己能像中國人，和他們做相同的事，融入他們的生活中。英國詩人吉卜林（Joseph Rudyard Kipling）曾經寫過：「東方是東方，西方是西方，兩者永遠不可能相遇，」華淑芳覺得這種想法已經被證明是錯誤的。她認為，如果我們能夠更加了解彼此，更多同理心，便不會挑

起戰爭。華淑芳相信，她的經驗已經明確顯示，東西方融合是可能的。

德來小妹妹會的露格修女、周修女，出生在西方，曾到中國生活，後來到台灣，跟華淑芳的情況是一樣的。日本人侵華時把她們從中國人修會中拉出來，其他修女們都問：「為什麼你們把她們帶走，而不帶我們？」這些中國修女早就不覺得，她們和來自西方的露格修女、周修女有什麼不一樣。

中華聖母會對華淑芳而言，起初或許猶如陌生人，但那只暫時的，不代表西方人無法融入東方社會。「她們歡迎我，讓我有回家的感覺，」華淑芳說，「我永遠珍惜她們的善良和體貼，而且給了我一個中文名字『華淑芳』——中國的美德芬芳。」

續曲

一九六六年，華淑芳修女歷盡艱辛到美國募款籌建的聖馬爾定醫院，在台灣嘉義正式落成啟用。五十四年後，醫院的現況如何呢？當年輾轉多年逃難，最後落腳嘉義市的修女們，她們的修會又經歷了什麼事情？

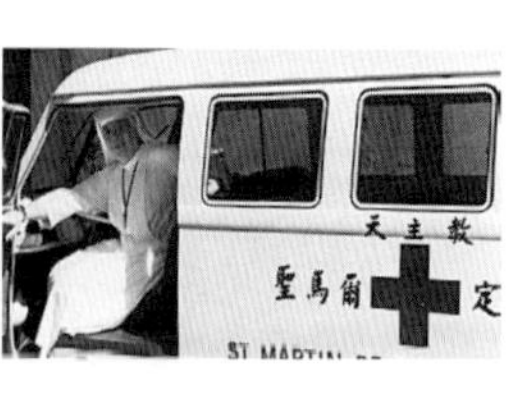

「如果我們有間醫院，就可以二十四小時觀察病患，直到他們好一點，」華淑芳修女心裡想，「如果他們沒有錢付，我們也不會跟他們收費。是的，如果我們有間醫院，那個小孩今天還會活著。」

當年剛加入中華聖母會的華淑芳修女，看過太多因為無法及時獲得治療的病患喪失健康與生命，在心中吶喊著「如果我們有間醫院」。「如果我們能夠有一間醫院做更好的事呢？」華淑芳修女希望中華聖母會能擁有更多設備，提供更好的醫療服務，幫助人們重拾健康，把基督的愛帶給更多的人。當年的初衷，還在嗎？或者以什麼樣不同的方式仍進行著？

打從一開始，中華聖母會就秉持「哪裡有需要，我們就往哪裡去」的理念從事醫療服務工作，不論是早期在梅山的「海星診所」、最早開始的偏鄉巡迴醫療，還是後來在嘉義市的「啟明診療所」、「聖馬爾定醫院」以及一九九八年開始的「阿里山醫療站」，皆是如此。

一九六六年，華淑芳修女開著她的救護車「寶貝」，到道路的盡頭後步行接續走過崎嶇的山路，到病患家裡將重症病人用擔架抬下山，送到醫院治療，這樣的情景多年來仍不斷發生在聖馬爾定醫院，之後在阿里山醫療站更是如此。

一九七一年，中華聖母會在嘉義創辦崇仁醫護專校，當時收了二十多位原住民學生，不收學費，但學生們受到專業培訓畢業後，得回到山上服務。中華聖母會面對嘉義地區弱勢族群的需求，於二〇〇五年成立「中華聖母社會福利慈善事業基金會」，二〇〇七年正式運作。中華聖母基金會看到哪裡需要服務，就把關懷與服務送到那裡，是一個「不問對象，只怕服務不夠」的社會福利基金會。

二〇二〇年，中華聖母會慶祝創立八十週年。聖馬爾定醫院、崇仁醫護專校、阿里山醫療站、中華聖母社會福利慈善事業基金會，都是中華聖母會本著修會福傳、醫療、教育的精神所結下的果實。

聖馬爾定醫院

五十四年來，秉持醫療傳愛的精神，一九六六年創立的聖馬爾定醫院，今已成為一所擁有近四十個醫療專科，急性、慢性及長期照護服務，超過近一千張病床的區域級教學醫院，發展成全方位的醫療體系。

當時華淑芳修女被稱為「美國大夫」，而聖馬爾定醫院被稱為「美國仔病院」。二〇一二年，華淑芳修女獲頒醫療奉獻獎。二〇一七年，在台灣超過一甲子的華淑芳修女獲頒歸化國籍許可證及國民身分證，成為「正港的台灣人」。

全院分三個院區：大雅院區主要提供急、重症醫療及一般診療；民權院區為精神科門診及日間照顧；芳安院區為護理之家，另設失智症老人日間照護中心及到宅沐浴車教育訓練基地。

一九八六年，在美國讀完醫院管理專業的陳美惠修女，懷抱熱情回台灣接任聖馬爾定醫院院長。「雖然是醫院，但也要福傳，」陳美惠修女將中華聖母會的精神謹記在心，同時也沒忘記「當院長就是要為病人找好醫師」，希望提升醫療品質及改善員工工作環境。而陳美惠修女心中想找的好醫師，是理念相同，

愛護病人的醫師。一九八九年，陳美惠讓全院投票，以STM（也是醫院主保聖人聖馬爾定的縮寫）做為聖馬爾定醫院的識別系統——S（Service）服務，T（Trust）信賴，以及M（Mercy）關懷。

「醫療是生命在影響生命，它不像在商業中的銀貨兩訖，而是自始至終都必須以高度的專業和精準的醫療功能來對待，並且將我們的服務、信賴與關懷三項理念合而為一，成為患者無形的最佳良藥，」陳美惠修女說。

一九九六年，聖馬爾定醫院舉行新院區（大雅院區）落成啟用，現場冠蓋雲集。

為服務更多民眾，除原有的民權院區外，陸續再增建了大雅院區（上）與芳安院區（下）。

在嘉義教區服務的本篤會結束在台工作時，將該會在大雅路的土地與建築以一塊錢台幣，象徵性地全部提供給中華聖母會興建醫院使用，使聖馬爾定醫院能有今日規模。一九九六年五月十二日，大雅院區落成啟用。二十四年來，醫院工程與新增服務科別一直沒停過。

為關懷銀髮族，在嘉義縣市設立二十處社區型老人日間照顧中心——長青活力站，並開辦全國第一部失能者到宅沐浴車等。在台灣人口迅速老化之前，聖馬爾定醫院以先知性的視野，看見老人未來的需要，在芳安院區成立護理之家。「我們看得很遠，看到時代的訊號，成立中華聖母基金會，為老人做各項服務，」院長陳美惠修女說。

同時，聖馬爾定醫院也心繫偏鄉地區的醫療資源問題。一九九四年，在嘉義東部的番路鄉設立「聖光診所」；一九九八年，在阿里山樂野村開設全國唯一全年無休並二十四小時駐村的「阿里山醫療站」，解決大阿里山的醫療資源匱乏問題。二〇一一年，阿里山醫療團隊獲得第二十一屆醫療奉獻獎。

「醫療是甜蜜的負擔，救人救得很開心，過程付出卻很辛勞，」陳美惠院長說，「華淑芳修女幾十年來想的都是蓋這間醫院，」然而，這一路走來，並不是每件事都能成功，修女們也常會感到無助沮喪，不禁在心裡問：「我們小小的修女，能做什麼？」

「永遠不要放棄，天主會照顧一切，」陳美惠修女說，她從她的恩師華淑芳修女身上學到，「人無法完全，要更依靠天主。」

一直以來，修女們本著「哪裡有需要，就往哪裡去」的信念，「身為天主教醫院的大家長，我希望帶給員工的本質是以愛為出發點的關懷，因為在愛的環境裡，慈悲的感染是最深的，」二〇一五年獲頒醫療奉獻獎的陳美惠院長說。

阿里山醫療站

二十二年前，當阿里山醫療站的招牌在台十八線六十四·五公里處點亮的那一刻，就象徵聖馬爾定醫院將恆久守護鄉民健康的承諾。「這是全台唯一，二十四小時且全年無休的山地醫療站，也是全台海拔最高的醫療站（約一千四百公尺），」曾參與醫療站草創的聖馬爾定醫院企劃室主任李幸利說。

一九八二年，阿里山公路（台十八線）開通。石棹位居台十八線、縣道一五九甲與一六九號三線交會處，也是附近達邦、特富野、里佳、來吉、樂野等聚落往來必經之處，阿里山醫療站就位在通往阿里山必經之路的路旁。在醫療站還未成立時，山區的居民得花一、兩個小時車程才能下山就醫，若遇急症可能無法挽救。「小病用忍，大病用滾，」當地人說。

聖馬爾定醫院院長陳美惠早年還在崇仁護專服務時，曾在暑假帶學生到阿里山義診，每回上山，村裡便廣播：「醫師來了，大家可以生病了！」山上的村民稱修女為「天使」，遠遠看見修女，就高興喊著：「天使來了！」因為有醫療站，許多村民篩檢出慢性肝病等疾病，並能及時治療。

阿里山醫療站成立十年後，石棹第一間統一超商才出現，在這之前，醫療站一直是阿里山公路的一盞明燈。醫療站剛成立時，有兩位醫師及一位護理人員進駐，醫護人員都是全科包辦，換藥、打針、急診、內外科，十八般武藝樣樣都行，只要有病人來，隨時都會開門服務。二〇一九年，阿里山醫療站慶祝成立二十週年，當年第一批到醫療站服務的醫師說，為贏得當地居民信任，連村民的獵狗受傷都會幫忙醫治。

山區民風純樸，感情互動深厚。第一位阿里山居民在醫療站生產的婦人，她與家人特別將新生嬰兒領洗的聖名取為與醫院同名的「馬爾定」。一位汪姓婦人有四個小孩，其中三個在醫療站出生，其中兩個在強烈颱風來襲時臨盆，外

阿里山醫療站，是全台唯一，二十四小時且全年無休的山地醫療站，也是全台海拔最高的醫療站。

二〇〇九年，莫拉克颱風肆虐阿里山，造成路毀橋斷，陳美惠院長（右一）冒險前往第一線協助救災。

頭強風豪雨，醫療站內也天翻地覆。

八八風災（莫拉克風災）後，阿里山交通中斷，陳美惠院長與醫院同仁走了兩個多小時山路送物資到醫療站。「雖然危險，但就有這樣的使命感，」聖馬爾定醫院副院長，同時也是腸胃肝膽科醫師的陳美足修女說。聖馬爾定醫院特別設立「阿里山山地醫療基金」，希望能使偏遠山區的醫療資源更健全，把愛及醫療送上山。

早晨九點，醫療站門診才開始不久，已有來自附近山地聚落的村民陸續前來掛號，等待治療牙齒。不久，一輛漆著藍色的聖馬爾定醫院公務車也從嘉義市抵達醫療站，送來公文、藥品等；負責「部落社區健康營造計畫」的社工員林信源也來醫療站做一些紀錄。這時，進來一位年輕的農夫，他在除草時割傷手指，護理長莊芙蓉趕緊為他包紮。

「在這邊工作比較累，但也開心，」莊芙蓉說。來自達邦部落的她，原本在山下總院服務，因為心疼族人看病時常與醫師雞同鴨講，溝通不良而出現許多問題，二〇〇七年自願回到家鄉的醫療站服務。為避免與病患溝通時遇到的語言隔閡問題，醫療站的護理人員都是阿里山鄒族的原住民，在地人服務在地人，也讓村民備感親切與放心。

全年無休的二十四小時定點駐村醫療站，一開始只提供家庭醫學科門診及急診醫療服務，後來慢慢增加了腸胃肝膽科、眼科、小兒科、耳鼻喉科、心臟內科、皮膚科、腎臟內科等其他專科的定點醫療服務。目前支援的家醫科醫師有九名，護理人員五名，行政人員二名。位於阿里山遊樂園區的香林衛生室，每週一至週三提供全日門診與急診醫療，提供旅客醫療安全服務。

自一九九八年起至二〇一八年底，服務總人次已超過七十萬，目前每月提供約三百三十三診次（含門診及二十四小時緊急醫療服務），每月服務鄉民及遊客約三千兩百人，並配合預防保健及社區營造，提供居民全人照護。目前的阿里山醫療站門急診量每日平均約五十七人，二〇一九年全年，門急診量共計一萬八千四百一十六人。

阿里山醫療站的存在，讓阿里山山地偏鄉居民有安心的依靠，但仍無法應付重症病患，因此，聖馬爾定醫院正尋覓土地和經費，籌建阿里山醫院，包含開刀房、產房、加護病房及洗腎室等，讓居民和遊客獲得更完善的醫療服務。

崇仁醫護管理專科學校

「崇仁護校創立於一九七一年，是為了替聖馬爾定醫院培養科班人才，」崇仁護專董事長陳美惠修女說。

一九六六年，聖馬爾定醫院剛創立時，在醫院工作的護理人員，多半是非科班出身，病患無法獲得妥當照顧，中華聖母會希望能為醫院培育正規的護理人員，於是，李美納總會長聘請當時剛在美國完成教育碩士的方懷正神父，於一九六九年開始籌辦護校。一九七一年，在嘉義市蘭潭風景區紅毛埤成立的「崇仁高級護理助產職業學校」，開始招生。

「崇仁護校希望以崇尚仁愛的精神，培育服務醫療的合格專業護理人員，因此取名『崇仁』，」陳美惠修女說，「第一任校長是籌辦創校的方懷正神父，當時我剛大學畢業，李美納總會長派我去崇仁護校教書。」

崇仁高級護理助產職業學校開始時，只招收兩班學生。中華聖母會也派黃利納修女與陳美惠修女一起負責教學及照顧學生生活。「當時教室蓋好了，但外面的水泥車還在蓋別的工程，學校就開始上課了，」陳美惠修女回憶，「黃利納修女跟我，可以說以校為家，吃飯也跟學生一起。學生就像自己姊妹一樣，」當時在學校教書的陳美惠，下了課，中午吃飯時就當跑堂，幫學生排桌子、擺碗筷。

崇仁校園約二．八公頃。在當時是嘉義最高學府（位置最高），站在頂樓可以看到整片蘭潭，視野廣闊，風景優美。那時，下了課，修女們會帶學生到蘭潭彈吉他，或烤竹筒飯。放假時，也帶著學生上阿里山義診。「那真是最快樂的時光，」陳美惠修女說。

方懷正校長非常愛護學生，但對學生的要求也很嚴格。崇仁雖位居嘉義的偏僻，卻在第一屆全國護理技藝競賽獲得團體及個人冠軍。「不做則已，既然做了就要做到最好，」陳美惠修女說。比賽結束後，大家紛紛打聽：「崇仁從哪裡冒出來的？」

二〇〇四年，因時代需求，擬改制為專科學校。蘭潭校區校地不夠，因此向台糖購得大林附近十公頃土地，並向教育部提出改制申請。二〇〇五年，獲准改制為「崇仁醫護管理專科學校」。二〇〇七年，大林校區第一期建築工程落成啟用，學校設施是建醫院的規格，此後，嘉義與大林校區同時運作。

「從創校時的一科、一百名學生開始，到現在崇仁護專有護理、餐飲管理、美容保健、應用外語、老人服務事業等五個科系，三千兩百七十五名學生，」護專董事長陳美惠修女勉勵學生做一個好護理人員，要有愛心，「一個護理師沒愛心，是做不好工作的，心中有愛才能做好護理師。」

「護理師就是愛的化身，」陳美惠修女說。身為護專的大家長，她認為校長要以愛治校，找到好老師也很重要，學生要有國際觀，因此崇仁護專與美國聖方濟大學結為姊妹校，每年送學生出國深造。「要有服務的心，心胸要廣闊，以

華淑芳修女為醫療教育不遺餘力。
圖為華修女（右三）正在指導崇仁護專的實習生。

專業的知識技術服務人，出去工作才會得人疼，」陳美惠修女說。

中華聖母社會福利慈善事業基金會

二〇二〇年農曆過年前，中華聖母基金會董事長陳美惠修女與公益愛心大使黃阿瑪、統一超商公共事務部部長李至和，一同到高齡九十九歲的黃阿嬤家，幫阿嬤大掃除、鋪床及貼春聯，並提前歡喜圍爐。「關懷、幫助弱小，這樣的事是我最喜歡的，」陳美惠修女說。

十三年來，嘉義地區都位居全台「老年人口比例」的首位，根據中華聖母基金會的服務調查發現，嘉義有近五成的老老照顧家庭，是今年全國老老照顧比例的一·二倍。照顧者平均年齡高達七十二歲，很多照顧者本身還患有慢性病，甚至百分之三十四的老老照顧家庭同時面對失智與失能的狀況。嘉義地區充滿需要關懷的老、苦、窮、病家庭，於是，近幾年中華聖母基金會與統一超商三度合作，這次藉由「老老重擔，有你救好」計畫，全面照顧長輩，解決老老照顧家庭與獨居老人面臨的困境。

中華聖母會面對服務嘉義地區弱勢族群的需求，於二〇〇五年成立中華聖母社會福利慈善事業基金會，效法耶穌基督愛人的精神，以人性尊嚴為核心價值，協助服務對象實現自我，建立尊重、關懷、正義的社會。二〇〇七年正式運作，是一個「不問對象，只怕服務不夠」的社會福利基金會，隨時配合教會及地方的需要解決各種社會問題。

中華聖母基金會二〇二〇年第三次與統一超商合作，串聯門市據點、人力，推動「幾點了咖啡館」公益服務，打造友善環境，讓患有失智症的長輩每次四人一組在固定時間來超商販售咖啡，減輕照顧家屬的負擔。「歡迎光臨，請問要哪種咖啡？」失智老人歡喜地問候顧客，送上咖啡時還會說：「天主保佑，祝你賺大錢！」陳美惠修女說：「每次實習，老人家們都興奮得不得了，」在嘉義民雄與大林，就有兩家統一超商參與「幾點了咖啡館」公益服務。

基金會在鹿草成立「暖暖食堂」為獨居長者提供熱食，若長者無法到食堂用餐，食堂也可以送餐到家。為深入照顧弱勢失能長者及精神障礙老人的需要，由國外引進最先進的「失能老人到宅沐浴車」的服務。為擴大社區服務，首創嘉義地區失智症複合式照顧家園，目前有中埔、阿里山、水上等六處據點。「由於隔代教養問題嚴重，基金會在鹿草成立課輔中心，最重要的是人格教

中華聖母基金會關懷老人及失能、失智者，提供照護服務。

育，一開始孩童們不理我們，第二次去時，孩子會說謝謝。後來基金會增加提供晚餐服務，又募得一部車，送孩子回家。」

有次聖誕節前，基金會的同事帶小朋友到嘉義市挑鞋。「好高興，我們今年有新鞋子穿，」一位小朋友開心地說。陳美惠修女看到小孩對於得到一雙新鞋子感到珍惜與開心，讓陳美惠修女印象深刻。「老的小的，我們都照顧，」陳美惠修女說。

社區式照顧、居家照顧、照顧者服

務、打造友善環境、全方位服務，中華聖母基金會看到哪裡有需要，就把關懷與服務送到那裡。

中華聖母傳教修女會

二〇二〇年，中華聖母傳教修女會慶祝創立八十年。

一九四〇年，田耕莘主教在山東陽穀教區創立中華聖母會，初名「聖母無染原罪會」，後改名「中華聖母傳教修女會」。

一九三八年，中華聖母會會祖，時任陽穀教區監牧的田耕莘於十一月十七日向羅馬傳信部寫了封創會申請函。「在信仰的傳播工作中，修女占有一個特殊角色，」田耕莘主教向教廷傳信部部長寫道，「她們醫治病人，教育兒童，講授要理並協助傳教。因此，在陽穀監牧區甫成立之際，我已計劃建立一個新的女修會從事上述的使徒工作。」

信中，田耕莘主教具體說明他想創立的修會，修女們的使徒工作是：「一、為婦女講授要理；二、照顧病人；三、教育女青年，」福傳、醫療及教育，成為中華聖母會的神恩。

中華聖母會創立於八年對日抗戰後，國共內戰的混亂時局。從田耕莘主教在山東陽穀教區創建中華聖母會，到修女們抵達台灣暫居新竹，中間過程的十二年，顛沛流離，少有安定之日。一九五四年十月，中華聖母會由新竹遷往嘉義監牧區。

一九五五年四月五日，中華聖母會將總會正式遷往梅山，中華聖母會在台灣終於有了真正的家。

一九五六年二月九日，經全體發願修女投票後，李美納修女當選首任院長。一九五七年八月十五日，聖母升天節當日，中華聖母會選出李美納修女為首任總會長。

八十年來，中華聖母會的修女們不斷在福傳、醫療及教育三樣使徒工作中划向深處。如今，她們在醫療關懷方面有聖馬爾定醫院；在教育牧靈上，創辦崇仁護專；在堂區牧靈及每件事上，不忘福傳。

「聖母承行主旨是我們最大的芳表，」接任總會長十六年，再度連任總會長的陳美惠修女說，「天主是我們的依靠。」

附錄

聖馬爾定醫院大事紀

聖馬爾定醫院是由天主教中華聖母傳教修女會創辦。以效法基督愛人之精神，為生病貧苦及需要照顧的人服務，使患者得到身、心、靈的「完整醫療」。

扎根與成長（一九五九～一九九五）

一九五九年　本院創辦人華淑芳修女有鑒於梅山鄉地處偏僻，貧苦病患無法前往城鎮就醫，乃創立「海星診所」，惠澤鄉民，是為「聖馬爾定醫院」之前身。

一九六二年　海星診所隨中華聖母會會院遷至嘉義市，更名「啟明診療所」。

一九六五年　在嘉義市民權路興建聖馬爾定醫院，並於一九六六年十一月一日登記開業（衛醫字第一九〇號），孫繼善神父為首任院長。

一九六九年　五月，登記為財團法人，並開始服務公保及勞保患者，高利達修女為第二任院長。

一九七一年　八月，完成第三期擴建工程，馬澤岑修女為第三任院長。

八月，中華聖母會創立崇仁高級護理助產職業學校，培育富有愛心及具南丁格爾精神之護理專業人才，並聘請時任嘉義教區副主教的方懷正神父為首任校長。

一九七五年　三月，完成第四期擴建工程，趙彌格修女為第四任院長。

一九八六年　十月，自美國修習醫院管理碩士歸國之陳美惠修女擔任第五任院長，並特聘嘉義教區副主教的方懷正神父為董事長。

十二月，設立洗腎中心。

一九八八年　一月，實施醫療業務電腦化，門診醫令系統及公、勞保申報系統上線使用。

一九九〇年　六月，經衛生署評定為地區綜合教學醫院。

一九九一年　六月，通過衛生署評鑑為內科、外科、婦產科、家庭醫學科及小兒科專科醫師訓練醫院。

一九九三年　一月三十日，本院新醫療大樓動工興建。

七月一日，與嘉義縣朴子市簽訂醫療建教合作，協助設立朴子農會診所並提供醫療支援。

一九九四年　十一月六日，在嘉義縣番路鄉成立聖光診所，提供內科診療，嘉惠山區民眾。

十一月，成立嘉雲南地區第一個糖尿病人保健推廣中心。

一九九五年　三月二十五日，嘉義市芳安路聖仁安養中心祝聖啟用，由時任嘉義教區主教劉振忠主禮。

十二月，導入企業識別體系（C.I.S.），以醫院英文名稱簡寫STM為本院之院徽。並賦予服務、信賴、關懷（Service、Trust、Mercy）的現代化新意義，是為本院之經營理念。

發展與茁壯（一九九六～二〇一〇）

一九九六年　三月十八日，全院自民權路搬遷至大雅路新醫療大樓。

六月，成立體外震波碎石中心。

七月，成立急診科及病理科。

一九九七年　四月十二日，已故方懷正董事長榮獲「第七屆醫療奉獻獎」、成立血液透析中心。

七月，成立核子醫學科。

十二月，本院附設護理之家動工興建。

一九九八年

三月一日，於阿里山鄉樂野村成立阿里山醫療站，提供全年無休二十四小時駐診醫療服務。

五月，本院醫療大樓二期工程動工興建。

十二月，設置核磁共振造影儀（MRI）。

一九九九年

七月二十八日，本院標章（院徽）榮獲經濟部及經濟日報主辦之「第三屆優良商標設計選拔」醫療衛生類佳作獎。

十一月，參與台北世貿中心之「國際醫療器材暨藥品展覽會」，首創醫院參展之先例。

二〇〇〇年

五月，嘉義縣阿里山鄉實施IDS計劃（Integrated Delivery System整合照護系統），本院為計劃執行中心。

八月，設立放射腫瘤科。

十月，設立心導管中心。

十一月十四日，附設護理之家落成啟用，床數二百五十八床，為嘉雲南地區規模最大的護理之家。

二〇〇二年

三月，設立產後調理中心（月子中心）。

七月，安寧病房啟用，為紀念已故前董事長方懷正，特將病房命名「懷正紀念病房」。

九月，成立乳癌防治中心。

十月，成立嘉義市失智症日間照護中心。

二〇〇三年

三月，本院醫療大樓二期工程完工啟用、成立腹膜透析室。

六月，為因應SARS疫情，特別設立發燒篩檢中心（負壓觀察中心）。

七月十日，立體停車場動工興建。

十二月十一日，聖家樓宿舍啟用。

二〇〇四年

六月，成立職業醫學中心。

十月，成立癌症個案管理中心。

十二月，於民權院區成立「奇夢園」庇護餐廳，提供精神病友就職訓練。

二〇〇五年

四月，本院產後調理中心榮獲行政院消保會「全台坐月子中心調查」之台北區外唯一合格機構。

五月，本院樓高十四層之立體停車場正式啟用，徹底解決本院民眾停車問題。

八月，崇仁護校改制升格為「崇仁醫護管理專科學校」；十月，大林校區動工興建。

二〇〇六年

四月，成立癌症防治中心。

九月，獲財團法人全國認證基金會（TAF）ISO15189醫學實驗室認證通過。

十一月，腎臟醫學會評核腎臟保健機構，本院榮獲「A級」佳績。

二〇〇七年

六月二十五日，設立中華聖母社會福利慈善事業基金會。

七月，本院創辦人兼董事長華淑芳修女榮獲內政部「績優外籍宗教人士」獎章。

八月七日，核子醫學科伽瑪攝影設備啟用。

九月，啟用醫療影像儲存傳輸系統（PACS）。
十二月，本院創辦人兼董事長華淑芳修女榮獲嘉義市榮譽市民。

二〇〇八年

一月，全數位式乳房攝影X光機啟用。六十四切電腦斷層儀啟用。
九月十日，啟用全國第一輛「失能老人到宅沐浴車」，為失能老人的服務跨出一大步。
十二月，阿里山IDS整合式醫療服務模式獲二〇〇八年SNQ國家品質標章認證。

二〇〇九年

三月，成立「失智症團體家屋」，為全國第二家設立。
七月十九日，榮獲世界衛生組織健康促進醫院國際網絡會員認證通過，並獲台灣健康醫院學會健康促進醫院創意計畫選拔安全職場類特優，由馬英九總統親自授證頒獎。
七月，成立醫療品質中心。
八月，成立代謝症候群防治中心及腦中風中心。
八月，莫拉克颱風侵台，重創阿里山，陳美惠院長率隊上山發放慰問金及救援物資。

十一月十日，獲行政院原住民委員會頒發「莫拉克颱風防災救災有功團體獎」，是全國唯一獲表揚之醫療院所。

十二月，本院附設護理之家榮獲二〇〇九年SNQ國家品質標章認證。

二〇一〇年 二月，通過國際ISO27001資訊安全認證。

三月一日，成立癌症篩檢中心。四月，成立正子造影中心。

十二月，引進癌症放射治療新利器——銳速刀治療技術（Rapid Arc）。

十二月八日，阿里山IDS整合式醫療服務模式榮獲二〇一〇年SNQ國家品質標章認證。

提升與精進（二〇一一～二〇一五）

二〇一一年 二月，本院附設護理之家榮獲二〇一〇年SNQ國家品質標章認證。

五月三十一日，本院創辦人兼董事長華淑芳修女獲內政部馬偕計畫認證，獲外僑永久居留權。

十月一日，本院阿里山醫療工作團隊榮獲第二十一屆團體醫療奉獻獎。

十二月二〇日，本院產後護理之家，獲二〇一一年SNQ國家生技醫療品質獎銅獎及國家品質標章認證。

十二月二〇日，本院社區醫療部及糖尿病保健中心，雙雙獲得二〇一一年SNQ國家品質標章認證。

二〇一二年

二月，本院檢驗科通過ISO15189認證，檢驗品質再度獲得肯定。

九月十五日，本院創辦人兼董事長華淑芳獲第二十二屆醫療奉獻個人獎。

十一月十二日，本院放射腫瘤科主任鍾昌宏醫師，榮獲二〇一二年台灣醫療典範獎。

十一月，本院外科部及檢驗科及癌症防治中心，皆榮獲二〇一二年SNQ國家品質標章認證。

二〇一三年

五月，本院附設護理之家，榮獲世界衛生組織（WHO）「健康促進機構國際網絡會員認證」，是全國第一家、也是唯一通過認證之護理機構。

八月，本院營養室榮獲HACCP食品安全衛生管理認證通過。

九月，全院通過ISO9001國際品質驗證。

十一月，華淑芳董事長，榮獲移民署一〇二年度特殊貢獻移民。

十二月，本院病理科及腦中風中心，雙雙榮獲二〇一三年SNQ國家品質標章認證。

十二月，產後護理之家榮獲一〇二年衛生福利部評鑑優等。

二〇一四年

六月，設置全國首座沐浴福祉教室，作為到宅沐浴教育訓練基地。

十一月，王中敬副院長，榮獲第一屆桃城杏林奉獻獎個人獎。社區醫療部榮獲團體獎。

十一月，糖尿病中心榮獲「一〇三年糖尿病健康促進機構提升照護品質計畫」之「特優獎」。

二〇一五年

一月，引進雲嘉區最高階一六〇切3D影像電腦斷層掃描儀。

六月，中華聖母基金會，引進全國首輛「加熱乾燥車」，造福弱勢民眾。

七月，成立慢性病防治中心。

七月，本院榮獲世界衛生組織（WHO）健康促進醫院進階認證試驗計畫最高等級「金獎」。

十二月，本院藥劑科及營養室及出院準備組，皆榮獲二〇一五年SNQ國家品質標章認證。

飛躍與創新（二〇一六～）

二〇一六年　六月，榮獲世界衛生組織（WHO）頒發二〇一六年「健康促進醫院全球典範獎」。

十二月，影像醫學部榮獲二〇一六年SNQ國家品質標章認證。

二〇一七年　七月，本院創辦人暨董事長華淑芳修女因「殊勳於我國」而獲准入籍台灣，成為嘉義市第一位不須放棄原有國籍而取得中華民國國籍的外國人。

八月，成立癲癇中心。

十一月，阿里山醫療團隊榮獲第十三屆原曙獎——非原住民有功團體。

十二月，本院麻醉科及腦中風中心，雙雙榮獲二〇一七年SNQ國家品質標章認證。

十二月，中華聖母基金會榮獲第一屆「堉璘台灣奉獻獎」特別推薦獎。

二〇一八年

十一月，獲台灣腎臟醫學會一〇七年提升腎臟病健康促進機構照護品質之區域醫院特優獎。

十二月，護理之家榮獲內政部消防署一〇七年優良防火管理措施單位。

二〇一九年

四月，職醫中心獲勞動部一〇七年度職業傷病防治網絡醫院創新表現優良獎。

六月，本院疼痛科主任黃安年醫師獲台灣安寧緩和醫學會傑出貢獻獎。

十二月，本院肝膽腸胃科榮獲SNQ國家品質標章認證。

社會人文 BGB494

愛的腳蹤

華淑芳修女奉獻台灣 60 年

國家圖書館出版品預行編目(CIP)資料

愛的腳蹤 : 華淑芳修女奉獻台灣60年 / 林保寶著. --
第一版. -- 臺北市 : 遠見天下文化, 2020.11
256面 ; 14.8×21公分. --（社會人文 ; BGB494）

ISBN 978-986-5535-56-8(平裝)

1.華淑芳 2.天主教傳記

249.952　　109011827

作者 — 林保寶

企劃出版部總編輯 — 李桂芬
主編 — 李桂芬
責任編輯 —巫芷紜（特約）、李偉麟
美術設計 — 功效試驗 ・ 紅設計（特約）
照片提供 — 聖馬爾定醫院

出版者 — 遠見天下文化出版股份有限公司
創辦人 — 高希均、王力行
遠見 ・ 天下文化 ・ 事業群　董事長 — 高希均
事業群發行人／ CEO — 王力行
天下文化社長 — 林天來
天下文化總經理 — 林芳燕
國際事務開發部兼版權中心總監 — 潘欣
法律顧問 — 理律法律事務所陳長文律師
著作權顧問 — 魏啟翔律師
社址 — 台北市 104 松江路 93 巷 1 號
讀者服務專線 — 02-2662-0012 ｜傳真 — 02-2662-0007；02-2662-0009
電子信箱 — cwpc@cwgv.com.tw
郵政劃撥 — 1326703-6 號　遠見天下文化出版股份有限公司

電腦排版 — 立全電腦印前排版有限公司
製版廠 — 中原造像股份有限公司
印刷廠 — 中原造像股份有限公司
裝訂廠 — 中原造像股份有限公司
出版登記 — 局版台業字第 2517 號
總經銷 — 大和書報圖書股份有限公司｜電話／ 02-8990-2588
出版日期 — 2020 年 11 月 30 日第一版第 1 次印行

定價 — NT380 元
ISBN — 978-986-553-556-8
書號 — BGB494
天下文化官網 — bookzone.cwgv.com.tw

天下文化
BELIEVE IN READING